U0153957

說書二

交大新文藝復興閱讀計劃
講讀集

目錄

序一　經典改變命運

吳重雨 （國立交通大學講座教授，國立交通大學前校長）

柴玲與經典的震撼邂逅

2010年4月4日，1989年天安門事件民運領袖柴玲在美國受洗成爲基督徒，她在網路上公開發表的「柴玲的見證」中，談到她第一次被一部經典震撼的經過。

柴玲說，1980年代，她17歲跳級進入北京大學讀書，遇見一位北大研究生。那位研究生分享說，他曾經騎單車沿著中國的黃河旅行，經過很多窮鄉僻壤。有一天，他經過一個很貧窮的小村子，村民知道他是大學生，央求他停下來幫一個忙。那是一個禮拜天的晚上，村民們聚集在一個麥桿和泥塊蓋成的房子中，拿出一個黑塑膠袋包裹的東西，費了好久，打開層層包裹，才發現裏面是一本《聖經》(The Bible)，書頁都已經發黃了，邊緣還有很多皺摺；這本《聖經》是一位外國宣教士留給村民的，而那位宣教士早在1949年就被中國共產黨政府驅逐出了中國。

問題來了，那些村民沒有一個識字的，所以，30多年來，經過了無數次的政治運動，他們冒著生命危險，保存下來的這部經典，卻沒有人看得懂。因此，村民每次聚會時，他們所能做的，就是大家「傳摸」著這本《聖經》，用手的觸摸與上帝的精神進行溝通。

如今，終於來了一個大學生，他們懇求這位知識份子爲他們讀經典，當大學生唸《聖經》時，村民聽得如醉如痴，整個晚上，沒有人捨得離去，直到東方破曉，村民才不得不去下田幹活；那一夜，他們30年來對

《聖經》的飢渴首次得到了滿足，人人像塊海綿一樣，拼命吸收著《聖經》豐腴的汁液。

為了答謝這位大學生，村民把村中最珍貴的東西（一大袋紅薯），送給他作為最大的感謝；雖然紅薯很重，但他大受感動，一路上都捨不得丟掉這一大袋紅薯，把它們扛回了北京。

柴玲深深地被這個故事打動，這個與經典邂逅的震撼故事，也改變了她的命運------2010年她在美國受洗成為基督徒。

李嘉誠戀蘋果

2007年12月，接受「商業週刊」訪問的亞洲首富李嘉誠，曾經引用一段跟他兒子的對談：「我吃蘋果的味道，跟你不一樣，我吃蘋果的味道，比你們香得多，…因為我少年時，窮得沒有錢可以買蘋果」。

其實「蘋果」也可以看為一種象喻，我們也可將之代換為上個小故事中的經典「聖經」，人只有在對那本《聖經》可望而不可即的時候，才會真正珍惜「蘋果（聖經）」的滋味。而那本《聖經》，也改變了整個村子的命運，使他們這座村莊更溫和、更善良、更有人情味、更有韌性，更能在30多年的苦難、困厄及各種政治運動中，堅毅地生存下來。

珍愛經典 掌握經典的精髓與感動

因此，是否讀得懂經典的每個字，其實不是最重要的，真正重要的是，能否珍愛、熱愛經典，與掌握住經典的精神與精髓或感動，這也就是我們出版《說書Ⅱ》的重要理由，我們希望藉此第二本書的出版，鼓舞各位讀者「開始讀經典」與「確實掌握經典的精髓與感動」——正如那些黃河邊的村民一樣，因為經典可以改變他們的命運、柴玲的命運及你我的命運！

這本《說書Ⅱ》集結了本校「新文藝復興閱讀計劃」（或簡稱「經典名著選讀）精采導讀演講的許多篇章而成，更特別的是，還包含了聽眾及工作人員對這一個交大導讀課程的反饋，帶來了更多面向的思考，激出更多火花！

　　誠如馬克吐溫的俏皮話所言：「經典，就是大家都認為應該讀，而都沒有讀的東西」。我們都知道，要叫人老老實實地讀經典，真是不容易的，唯有真正產生興趣後才能夠融會貫通，所以我們在交大推動這樣一個艱難的任務，作為點燃熱情的一顆火種，在2007年開始，邀請各界大師來校導讀各種經典，希望將其人生經驗與經典內容結合，產生更深邃的火花與更奇幻的洞見。

　　當課程進行到2010年時，適逢漢城大學的學者來訪，在當時由通識教育委員會李弘祺主委主持的研討會中，他們提出了世界經典一百本，其中有很多與我們是雷同的，但也有些經典（例如：斯丹達爾(Stendhal, 1783-1842)的《紅與黑》(*The Red and the Black*）是我們當時所未及列入的(編按：如今本課專屬網站的經典書單已加上此書)。他們的來訪與提出名單，也正好使我們得到一個激勵與反省的機會，並藉機補強我們的經典書單。

誰在讀經典？

　　推動「新文藝復興閱讀計劃」近三年半來，我們發現除了本校的大學生，教職員及社區民眾的參與度也很高；近一年來，更有不少大陸交換生參與。這些現象，是我們當初設計課程時所始料未及的，最後竟能吸引到很多社區民眾，這也使交大對於社區民眾終於有了一點小小貢獻，這樣的結果是令人欣慰的。

　　也有一些參與課程的老師反應，他們在這些來訪大師的身上，得到不少教學及研究的技巧與啟發，甚至因這個課程而寫出了數篇論文，而得到研究教學靈感的更所在多有。大陸交換生也展現出對經典學習的熱誠與思考的深度，本校學生也有很多研究生在繁重的課業之餘，前來聽課充電，這些人的參與，對我們以及整個團隊都是莫大的鼓舞。

　　最後，我在此特別感謝各位大師，辛苦地帶領聽眾進入經典的堂奧，並將自己的人生智慧與洞見，灌注分享其中。也感謝辛苦工作與付出的整個工作團隊。

2011.1

（Jenny清校）

序二　也是說書—說《說書二》

　　這本《說書二》除去應承交大新文藝課的第一本導讀文集:《說書一》的原則精神與亮麗成績,收錄進來如:資深說書學者謝鵬雄老師的〈賞析《紅樓夢》群芳圖譜〉、「日本學」專家,本校通識教育中心楊永良主委的〈《福澤諭吉自傳》導讀〉、學貫中西的康來昌牧師的〈《魔戒》:權力慾(Quest for Power)〉等等;我們又因本課曾在去年年初參與了本校通識教育委員會與通識教育中心聯合舉辦的國際學術研討會—「(黃宗羲與洛克):通識教育中的經典閱讀—意義與教學方法」(Studying and Teaching Modern Classical Works in Liberal Education — Significance and Pedagogy International Conference),本書遂也收錄進來本課先前兩位任課先生:董挽華教授與楊台恩教授(也是本書的兩位編著人),在該研討會上發表的兩篇英文論文,或闡釋美國經典小說《伊甸園東》(*East of Eden*) (pp.87-101),或就傳播專門領域檢視經典閱讀之價值(pp.200-221),自然皆與本課講說「經典選讀」的基本講求若合符節,一脈相承。以上是本書的前半部,乃關乎「講」經典的半本《說書二》。

　　而本書的另一特色乃是:本書的後半部,選錄多篇饒有興味的短章,率皆出自前年暑日本校《交大友聲》特為本課編纂的兩期「新文藝專輯」(436、437)。這便是本書的後半部,則屬關於「讀」經典的另半本《說書二》。前、後兩半合為整本《說書二》,故名為:《講讀集》。凡此整集匯編的難得文字,皆以「我們正在寫歷史」的生命態度見證了群經諸典之輝煌富贍與本課的沉潛勉力,是以為記。

—編者　2011.1

第一部

經典名著的導讀文字
及演講實錄

本書這「第一部」(pp. *11-130*)是本「新文藝復興閱讀計劃」課程的演講實錄,或是講員重新撰寫的導讀文字,是為本書的「講集」部份。

《論語》傳統解讀之省思

陳修武 （國立臺灣大學中文系退休副教授）

『《論語》是孔子給人的一種點醒式教訓，它乃是把人們個體與群體生活中的「應該」指點給人們而已。』

孔子小語

孔子,也許在我們一般的印象中,他就像是一位道學先生,很不容易親近。但,事實上,他原是一位溫和、幽默,而且胸懷大志,希望能闖出一番事業的人,就如我們身旁許許多多的人一樣。

《史記》〈孔子世家〉曾說孔子「循道彌久,溫溫無所試」所以,當子貢問孔子:「有美玉於斯,韞櫝而藏諸?求善賈而沽諸?」 孔子馬上回答:「沽之哉!沽之哉!我待賈者也!」 這一句話除了表現出孔子的幽默,也讓我們感受到,孔子是多麼希望有一個賞識他的上司好好來重用他阿!

歷史上後來有一位相當有名的魏晉隱士,陶淵明,在他成為「五柳先生」前,也曾寫下「刑天舞干戚,猛志固常在」這樣充滿豪情壯志的詩句,滿腔熱血地希望能大顯身手,好好地做一番事業。

這樣看來,原本似乎不相干的倆人,從青壯年慢慢步入了晚年,都從胸懷冰炭轉而已然看破世情,這樣一種爐火純青的生命歷程,造就了兩顆偉大的心靈,世世代代地,安慰著每一個人。(祐)

　　《論語》在大學中文系的排課過程中是被列爲「專書」的。但是這本「專書」卻是絕對不能「專」讀，它必須與儒家其他經典，乃至與先秦其他各家之書並讀，方能自比較對照中得其眞義。甚至，如佐以後世東傳至中國的佛教、基督教與西洋傳統哲學思想，則更能見其精神。所以，《論語》不止是「一本書」。

　　大略說來，《論語》是孔子給人的一種點醒式教訓，它乃是把人們個體與群體生活中的「應該」指點給人們而已。而且這「應該」都是人們本來固有的，不是孔子自外面硬加給人們的。當然，這些點醒都是基本性或說是原則性的，不是就生活內容之無窮複雜與變動之細微末節處來說的。就此細微末節處，孔子也指點、提醒不了人們許多。人們的生活內容實在是一個無窮的複雜與變動。

　　任何民族在其群體生活發展到相當程度的時候，總會出現幾位或自他民族借來幾位像孔子這樣子的點醒式人物。孔子的《論語》與相關的儒家經典，便成了中國人生活的指導原則，二千多年來對中國與其周邊國家歷史文化之影響旣廣且深。唯歷史文化之發展，在不同時代實有其不同風貌之呈現，此又實由各時代對孔子、儒家學問乃至《論語》不同的解讀而決定的。職是之故，「對《論語》傳統解讀的反思」就絕對不可以僅就《論語》之章節字句注疏處用心，而應是針對各時代對孔子與儒家經典之不同解讀而著眼的。

　　戰國時代自稱直祧孔子且爲後世所承認的就是孟子與荀子。孟、荀皆尊崇孔子以爲至聖，並以孔子所倡行的仁義道德人格與大同社會爲人們個體生活與群體生活之鵠的。但從實踐孔子之道之人性基礎上，二者則大異其趣。孟子道性善，以爲人性就像一顆橡子，只要得到適當的存養與發展便可自然生長成一棵完美的橡樹。荀子言性惡，以爲人性就像一塊大理石料，若無石匠之雕琢，必不能成爲一根石柱子。所以荀子重師法，孟子重自覺。大要說來，孟子主「爲仁由己」，荀子主「克己復禮爲仁」，二者皆出於《論語》。

　　漢代絕不同於前代者有二：一者，爲建立一個空前的爲人民百姓所

衷心親附的大帝國，不像秦代只是併吞了六國建立一個懸空的中央政府而已；二者，爲劉邦但憑所謂「天命」提「三尺劍」統一天下而爲天子，不像夏、商、周、秦得天下都是原有很大憑藉的。

基於前者，漢代儒者都有一種「大帝國意識」。他們把八卦、四方、五行、五音、十二律、陰陽、五倫……等等統統解釋在一個大循環中，環環相扣好像渾然原爲一體。而「經」書之外又有「緯」書與諸多但稱孔子之名之僞書。這些，表面看起來似是無稽之談；其實，都是一種潛在大帝國意識之不自覺的放射，也可說是一種歷史使命感的具體呈現。司馬談、司馬遷父子一定要著成《史記》，就是基於這種使命感。

基於後者，劉邦當時打得天下便有一個「天命」感，他的子孫俱都不免。這樣王權天授的頭腦是很容易產生暴君的。但是，漢代不僅沒有暴君而且詔書中多有不勝其戰戰兢兢的懼辭。君主如此，老百姓自然受福。這原因全在當時儒家兩套看似荒誕不經的說辭：一是孔子聖德天成且繼周而爲「素王」，其言語都是「爲漢制法」的，根據這種說法，儒生們在那個大帝國中具有足以平衡大皇帝們「政治權」的「教化權」，故漢代詔書多有引用儒家經典以爲行政立法之原則，雖尚不能以政、教分離言，實亦鬆弛了自古以來「作之君，作之師」那種君師爲一，政教爲一的局面。二是天降災異以譴告君相行事用心，其基本格局便是普通所謂：「人在做天在看」的天人感應說。君相處事居心或有不當，天便降災異以「譴」責之，現異以警「告」之。試想天下之大，何時何地不會發生些災難異象？這都要君相負責，君相如何敢恣其所爲？

以上這兩種說法以今日學術標準來說，自然都不僅是迂曲，即在當世便有人說之爲妖妄。但是你說他妖妄迂曲是真的，他能在那個大時代中起正面作用，爲天下生民甚至後世造福，也並不是假的。

漢代被近代學者垢病一件大事，乃爲漢武帝罷黜百家獨尊儒術之政策，以爲他妨害了學術自由。這是不公平的。漢武帝的立意與用心並不在學術而在經國濟世，在調整國家與社會的大政方針。漢在秦二百年法家亂政與文、景數十年黃老之治後，國家政制與社會人心迄無一正面之積極肯

定。能在這兩方面負起責任的，當然只有儒家學術思想，此即獨尊儒術。在「學術」上並沒有罷黜百家，百家之學依然存在。

綜上所述，西漢儒學之重點有三：一爲孔子聖人地位之確立；二爲災異學說之確定；三爲政教尊儒之形成。此三者並皆有爭議之處，然對中國歷史文化之影響，實在是既深且鉅的。這是事實，難可爭論。

至於《論語》一書在西漢是常被皇家詔令所引用的。而《論語》在當時，據傳實有三個版本：一曰《齊論》；二曰《魯論》；三曰《古論》。篇次內容互有異同。至宣帝時，有張禹者根據《魯論》並參考其他二本編爲定本，稱《張侯本》，至今通行，其他原有三種版本並皆湮滅而不存。

東漢光武帝以儒生起事，歷經困躓艱難與挫敗而成其帝業。其安邦撫民的基本原則自然就非儒家學術思想莫屬了。綜論東漢儒家約可以三點說之：一曰世風淳厚，吏治清明，爲當時生民百姓提供安定與幸福生活；二曰學術研究，典籍考証，如賈逵、許愼、馬融、鄭玄等之成績爲後來清代以「漢學」爲號召的考據之學立下了典範；三曰士氣高昂，氣節爲重，雖因黨錮之禍滅絕殆盡，然其影響所及實亦形成魏晉清談名士避世高論之原因。

魏晉清談名士之始倡者爲何晏、王弼；清談之內容爲《老》、《莊》、《周易》，即所謂「三玄」。王弼注《周易》、《老子》，略及《論語》，以老子所言「無」爲學問之宗正；但在人格境界上則極推尊孔子之聖人地位。其大義爲老子「言無」，徒騰口說而已；聖人雖不言無唯眞能「體無」。王弼一出不僅孔子聖人地位繼兩漢至玄學之大興而不墜，且提高聖人人格與儒家學術於形而上學與美學之境界，漢儒不能言之而王弼言之，其於儒家學術思想之功，實不能算是不偉。何晏輯漢代儒生解說《論語》之言語而成《論語集解》一書，爲第一本正式的《論語》注解書，亦實大有功於孔子與儒家學術，特別是對《論語》之解讀尤有助益。

何晏、王弼之後玄學與清談之風大行於世。同時印度佛教亦經由西域與南海傳來東土，盛行於大河上下長江南北。佛教是出世的，玄學清談亦

不以儒家所重之世間倫理爲用心注意之所在。儒家學術可說是不絕如縷。唯自東晉南渡後與繼之而起的宋、齊、梁、陳四代承續兩漢之制，政府都有「國學」之設立，其中所講論者自然也是儒家經典。所不同者，以時風之所趨，都是以儒家經典中的玄學意義爲主的。梁皇侃輯王弼以來時人對《論語》的解說成《論語義疏》一書，是眞讀《論語》不可不參考的一本好書。再者，魏、晉與宋、齊、梁、陳，史稱六朝，爲一文學鼎盛時期。文學之士與清談名士一樣，多有鄙薄孔子與儒家思想者。然而，梁劉勰雖自幼崇信佛教，依佛寺爲生，後終出家爲僧，在其所著《文心雕龍》中縱論文學淵源流派，謂文學之極致乃在原道、宗經、徵聖。此在所謂靡靡之音泛濫流行之世，實不能不謂之慧光獨照。

在隋、唐二代大乘佛教與佛學鼎盛之中宣揚捍衛儒家學術思想者爲王通與韓愈。王通，隋時人，應爲一隱君子型人物，史傳無多記述。據說曾教授於河、汾之間，受業以千數，著《元經》以仿《春秋》，著《中說》以擬《論語》。卒後，門人諡爲「文中子」，亦簡稱「文子」。協助唐太宗打平天下、治理天下的李靖、薛收、房玄齡等皆出其門下。果如此，則其當爲一謹慤篤實並深具歷史感與文化意識之儒者無疑。韓愈，於靡靡之音盛行中，倡導古文運動，以「文起八代之衰」的雄姿挾其成果享盛譽於當時與後世；然其理想並不在此，而在「道濟天下之溺」，闢佛排老以彰顯孔門聖道。其發爲文章宏肆勁力眞有「障百川以東之，挽狂瀾於既倒」之勢，然其成功並未臻此境地。故宋代朱熹即言：其僅爲「文人之雄耳」，近代新儒家一學人亦言，其所說儒家學問與闢佛排老的理論都是「不及格」的。但是，他的儒者人格是「一百分」的；他畢竟是一個「雄」者。他不是一門學問理論，而是一種儒者的生命張力。他這張力自然會處處在現實上遭遇頓挫，但頓挫並不能絲毫頓挫他爲一儒者的生命張力。他但以理想之所在生死以之，故曰：「苟余行之不迷雖顛沛其何傷！」不像後世一些所謂儒家之徒，縱然著作等身，其實只是玩弄文字的戲論。平情而論，韓愈實在是一位值得歷史尊敬的偉大人物，一位偉大的儒者。

趙宋結束了晚唐與五代十國的衰亂。依宋人解釋，此衰亂之原因即

在佛氏否定儒家人間世五倫之道的眞常意義，故其建國之初即重視儒家教化。太宗朝，趙普有「半部《論語》治天下」之說，邢昺即何晏《論語集解》加之以疏釋，世稱《邢疏》亦爲研讀《論語》之重要參考著述。然而，此皆不能代表宋代之儒家學問；有此代表性者乃爲統宋、元、明三代而言之「宋明理學」。

宋明理學，一般說來是一種深受佛教影響的儒家學問。這話不能算錯，也不能算對。不錯在宋明理學確吸收了因佛教而傳來的思維與語言方式；不對在最基本亦即究極的肯定上，二者是絕對不同的。依佛教，儒家的究極眞理父子之親、君臣之義、長幼之序、夫婦之別、朋友之信的五倫之常，根本都是「無常」，都只是人暫住於此人世間時之方便安排而已；人生之究極目的乃在離開此人世間，自此安排中解脫而出，證成一種虛空寂滅的極樂境界，否則必永世墮於輪迴且不免地獄之苦。但依儒家，此世即是永世，五倫之常即是眞常，即是人之所以爲人的既基本又究極之「理」之所在；此處圓滿即是「極樂」，此處不足即是痛苦，背道而馳即是地獄。故儒、佛之別只在此一「理」之肯定與否。宋明儒者於此「理」處反覆言之，護持辯論極盡心力以肯定之，故曰「理學」。

宋明理學通常被認爲有程（伊川）朱（晦菴）與陸（象山）王（陽明）二派之分別，亦即所謂「朱陸異同」之問題。其同處在並皆絕對肯定五倫之常理；其異處，大要言之，乃在對心、性、天（理）三者定性定位之不同了解。在朱子，心爲認識之主體，性爲天命之於人之生命本質，天則爲一絕對之純理；天理爲純善，生命本質之性可以爲善；人但以其「心」明「天」理之善並納之於「性」中即成就善。其中過程工夫全見之於聖賢經傳之中，故朱子遍註群經以明示學人。陸氏則不然，以心、性、天（理）本一體之三名。以其爲人之主宰，名曰「心」；以其爲人之本質，名曰「性」；以其爲貫人我普遍存在之一理，名曰「天」。故孟子曰：「盡其心者，知其性也；知其性則知天矣。」心、性、天原爲一體。故陸氏譏朱子之學爲支離破碎，朱子亦反譏陸氏之學爲渾淪，爲禪。

自《論語》之解讀來說，朱子之成績與影響力則遠遠大於陸氏。北

19

宋諸儒即多言《論語》，朱子輯之爲《國朝諸老先生論語精義》。朱子並輯《禮記》中〈大學〉、〈中庸〉二篇合《論語》、《孟子》而爲《四書》。其《四書集註》自元至清末六百年間與其《易本義》、《詩集傳》皆爲科舉取士必考之課目。非僅此也，朱子學術在明清兩代實形成了一種自廟堂之上至窮鄉鄙野間典雅而有秩序的生活方　式，共同遵行的標準規矩，社會安定的無形力量。此即在民國初年爲五四人物深所垢病的「舊禮教」，後徹底摧毀於共黨之破四舊運動與文化大革命運動。

朱子之學大盛之世，陸氏之學並未衰亡。明代王陽明上承陸氏而追祧孟子、孔子，講「致良知」之教訓，謂但致良知於事事物物之中，即可成就聖賢人格，頗盛極於一代。人人能言心言性，且只言心言性，故時有心學、性學之稱。唯其末流不免於佛氏之病而陷於枯禪。棄書不讀而專事鑿空，直至明亡而衰。清談誤國，清初學人實痛心而疾首之，故譏之曰：「古之清談談老莊，今之清談談孔孟」；曰：「平日袖手談心性，臨難一死報君王」。以孔孟、心性但作空口談論之資料，不僅爲孔孟、心性學問之大悲哀，亦國脈民命之大悲哀。此乃眞正可大悲哀者。

清初學人有見明末學術之空疏，終至以成亡國亡天下之禍患，乃提倡經世致用之學，主張作學問應有事實爲根據，而且必須以實用於世事爲宗旨。此應以顧炎武氏爲代表。然進而言之，「經世致用」又必以應用於治國平天下爲鵠的，否則便不足以言之。但當時治國平天下之現實，確又絕不容許君相以外之任何人插手，甚至插嘴。故當時學人但能以歷代政治之得失，經典之解釋之當否思考用心，著書立說以求垂法於後世。如此，便不能不淪爲不問世事，但以學術爲學術的治學方式與目的中。此即盛行於清代的乾嘉考據之學，專以考證字形、音、義，名物制度，甚至金石瓦磚之古眞，爲主要用心用功之所在。其爲學態度，以擺脫宋明、隋唐、魏晉諸代學術之盧浮空疏直追東漢。故以「漢學」爲標榜，又稱「樸學」。其成績可謂洋洋大觀。在《論語》方面，以劉寶楠之《論語正義》與崔述之《考信錄》最有參考價值。

在考據之學的聲浪中，孔子及其有關文獻與其他人物及其著述，都

只成了考據之素材，失去了聖人與經典的價值與意義。重新肯定孔子之聖人價值與意義的應爲康有爲、譚嗣同、陳煥章師弟。康有爲捨宋明、隋唐、魏晉、東漢直追西漢儒者，非但肯定孔子聖人地位且自以爲即孔子百世而後之道法嫡傳；主變法維新而失敗實亦國家之幸事；如其成功，以其《大同書》所言必陷中國於極其不堪之災難中。在其《大同書》中，康某主張排除如國家、種族、宗教、階級、政府、家庭乃至婚姻等之一切人爲限制，人人皆以「天人」之姿立身於大同世界中。試問，此非狂妄荒誕而何？譚嗣同著《仁學》，強調大公無私之說。依其所說，人生至私之事莫過於兩性之交合，其原因尙在性器官生長之位置使然。設若皆生長於額頭之上，則兩性之交合必如握手一般可完全公於世。試問，此非野蠻與禽獸而何？陳煥章以留美博士之名位於民國初年結合諸軍閥、遺老模仿基督教會尊孔子爲教主組織「孔教會」，內以振興儒學，外以與基督教相抗衡。試問，此非愚昧無知而何？此三人以其狂妄、野蠻、愚昧之心態尊崇孔子與儒家學術思想，自身一無所成事小，引起社會對孔子與儒家思想教化之反感，事則大矣。

　　首先提出此「反感」且欲從根本處摧毀儒家思想，以「新文化運動」倡導於天下，實則全無文化之反省與體悟者，爲五四人物。彼等以科學、民主爲號召詆毀中國文化，尤其儒家學術思想；直斥孔子爲「孔老二」，儒家文化爲「孔家店」，維繫中國社會於不墜之儒家教化爲「吃人的禮教」。都必欲打倒之以成其「全盤西化」之目的。殊不知文化乃植根於人群集體生活中之生命體，非移植所能成其功；禮教自有「活人」之性能，即古人所論「禮者養也」；孔家即有店，其中貨色亦皆自人之所以爲人之所以然處出，非自他處批發而來；以孔子排行「二」，直呼其爲「老二」，於孔子人格實無分毫之傷，徒見其不知量，徒見其本身之無教養而已。馬克斯主義者因五四人物之利，乘八年抗戰之便，以「馬」上打天下，以「馬」上得天下，復以「馬」上治天下，以名目繁多之政治運動洗人民之腦髓，竭人民之筋力，以批孔爲名從根剗除中國傳統文化，致人民現實生活與精神生活並皆無所聊賴，實屬非是之極。「浩劫」云云，何止「十年」！

　　然六十餘年來，旅居海外有識之士，多有對中國文化過往各方面之利弊得失與今後之發展方向用其心志者，其成績亦實多有可觀。於儒家學術方面，允以新儒家學人之成就最爲眞切卓越而寬廣。新儒家學人痛心於馬克斯主義者之摧殘儒家思想，五四人物之誤解儒家思想，康有爲師弟之曲解儒家思想，考據學者之忽視儒家思想，自明末顧炎武、黃宗羲、王船山三大儒出發，肯定陸王心學、程朱理學，融合隋唐佛學、魏晉玄學，捨棄東漢、邁越西漢，通過孟荀，歸宗孔子，繼而參酌西洋哲學成爲一大思想體系；立足現在，反省過去，垂法未來。其學術固可以淹貫周洽言，唯不見成於事業。皇皇鉅著，不免徒託空言。王弼注《周易‧乾卦九五》曰：「位以德興，德以位序。」徒有其位不可，徒有其德亦不可。方今專中國大政之馬克斯主義者，似亦有所憬悟，主改革開放，以「具有中國特色之社會主義」號召天下，漸知接納儒家思想與文化，民間推崇孔子已非政治忌諱。此好現象也。他日如能眞實痛改前非，徹底揚棄馬克斯主義，眞誠務實以儒家思想之「德」興其人民政府之「位」，非僅儒家思想之幸，亦必導致國家民族眞正之興盛，非但《論語》一書之解讀問題而已也。

（作者對校，語慧清校）

《福澤諭吉自傳》導讀

楊永良 （國立交通大學通識教育中心／人文社會學系合聘教授）

『「上天造人一律平等，天下沒有人上人，亦沒有人下人」福澤諭吉在《勸學》中，一再地大力鼓吹自由平等、自由獨立的精神。』

福澤諭吉小語

　　這篇導讀中的主人翁，福澤諭吉，是在日本近代化過程中鼎鼎有名的人物，出生於1835年。而他出生的這一年，很巧合地，也誕生了許多在近代日本史上具有重要份量的人物——

　　男性方面，如長期被日本國民視為「最喜愛的歷史人物」的阪本龍馬、三菱集團的創辦人：岩崎彌太郎（其實阪本龍馬和岩崎彌太郎也有很深的淵源呢！兩人都是當時日本首創的營利性航運組織：「海巡隊」的成員）、在幕末威風八面的新選組副組長土方歲三（也是號稱亞洲第一個共和國，蝦夷共和國的創立人之一）。而女性呢，則有最近在台知名度大增的篤姬（拜NHK大河劇強力播送，以及可愛又吸睛的知名影星：宮崎葵所賜）。其實中國的慈禧太后也是出生於這一年呢！如果要票選一個影響中日近代史最鉅的年份，那麼1835年這一年想必是相當有魅力的一個選項吧！（祐）

壹、書名（版本）與作者

福澤諭吉著、楊永良譯《福澤諭吉自傳》（改版），台北：麥田出版社，2006。（此書日文原名：《福翁自伝》）

貳、寫作背景、全書主旨

福澤諭吉（1835-1901）是活躍於日本江戶時代後期至明治時代的啓蒙大師，二十三歲就創辦了慶應義塾大學的前身學堂。他出生於一個貧窮武士的家庭，從小即嶄露其超群絕倫的才華。他極爲不滿封建時代的死滯社會，對西方的新學問則充滿好奇與求知慾。

他年幼時學漢學，青年期改學荷蘭學，在閉關自守的德川幕府體制下，荷蘭學是唯一能接觸歐洲文明的管道。而在當時的亞洲諸國中，相較之下，日本是最能虛心地承認西方文化優點的國家（雖然日本也有激烈的排外份子）。一八六〇年幕府派遣使節赴美國時，福澤諭吉要求以從僕的身分隨團赴美。翌年，他又參加幕府的赴歐使節團，歷遊法國、英國、荷蘭、德國、俄國、葡萄牙諸國。

他共三次隨幕府使節遠渡歐美汲取新知、開拓視野，並與森有禮等人發起「明六社」鼓吹開化思想與自由思想。

明治維新之後，福澤諭吉數次拒絕官位，始終堅持其在野的立場。然而他的思想影響了明治政府的要人並表現在施政上，另一方面他的門生也有多人擔任官職，參與政治。

一八九七（明治三十）年秋天，有一個外國人希望福澤諭吉撰述明治維新前後的親身經歷，福澤諭吉靈機一動，認爲倒不如撰述自己從小至大的經歷及成長過程，於是他找來當時著名的速記員矢野由次郎，由他親自口述，令矢野將他的口述記錄下來，福澤諭吉再將這速記原稿加以修改成《自傳》的草稿，這就是後來成爲日本自傳文學中經典之作的《福澤諭吉自傳》（日文原名《福翁自傳》）。

這口述一個月分四次進行，一次大約四小時（大都在晚上進行），

每次原稿整理出來之後，福澤諭吉都親自潤筆校正，然後才進入下一節。口述時，福澤諭吉只拿著年表，憑著他的記憶敘述（後來日本學者發現，福澤諭吉在口述前事先準備了筆記）。福澤諭吉的記憶力甚佳，對於四、五十年前的人物、事實敘述甚詳，而且根據後來學者的考證，《自傳》的內容大都相當正確。然而由於福澤諭吉口述時，已屆六十四歲（虛歲）高齡，因此難免在時間、人名、地名方面有些記憶錯誤，這些錯誤，譯者皆已參考日本學者的通說加以改正。

《福澤諭吉自傳》起先刊登在《時事新報》，從一八九八年一月開始連載，至翌年二月十六日結束。單行本則於一八九九年六月出版。一九三四年由北星堂出版了英譯本，英美各報章雜誌皆佳評如潮。此英譯本於一九六〇年出版新譯本。一九六六年，哥倫比亞大學也出版了英譯本，據云至今仍然銷售不惡。一九七一年，在德人琳茲希勒的主持下，由慶應義塾大學德國文學會的全體教授共同翻譯德文譯本。

參、作品獨特及發人深省之處

我們從《福澤諭吉自傳》一書中，不但可以了解福澤諭吉的生平與心路歷程，更可以從具體的事實中管窺明治維新前後的社會動態，書中詳細地描寫著東西方文化的強烈衝擊。由於福澤諭吉本人的思想影響明治維新既大且深，所以本書的重要性遠遠超過中國的《西潮》。

即使以文學作品來看，本書的敘述手法甚為高明，內容的精彩絕對不輸給暢銷小說，其前半段甚至可以媲美馬克吐溫《頑童歷險記》。例如：福澤諭吉拿著神名牌到廁所去用力踩、偽造妓女的信件來作弄名漫畫家手塚治蟲的祖父等等，都是幽默風趣的場景。另一方面，在《自傳》中，我們也可以看到他讀書讀到廢寢忘食，以及日本人小組討論的情形，至今日本大學的研究所仍是採用這種小組研讀方式來做研究。

文本一：（描述破除權威與迷信，精神獨立）

腳踏神名牌

我極為不滿，在小孩的心中想著，如果像哥哥所說的，在寫著主君名字的紙上用腳踏是一件壞事，那麼踏在寫著神名的木牌上又會如何？於是，我背地裡去踏神名木牌，結果沒怎樣。我心想：「好極了，沒事！真有趣。下次我要拿到廁所去踏。」於是我更進一步，拿到廁所去踏。那時，雖然我有點害怕會發生什麼事，但結果也沒怎樣。我自認為發現了一件大事：「你瞧！哥哥說了一堆廢話！」這件事，我不敢跟母親說，也不敢跟姊姊說，她們一定罵我，所以我一個人保守這個祕密。

窺伺稻荷神偶像

一、二年之後，我的膽子更加壯大起來，完全不相信老年人所說的神罰冥罰之類的事。我興起一個偉大的念頭，那就是去窺伺稻荷神。我到養父中村術平家的稻荷神社中，我想知道神龕中到底放些什麼東西，打開一看，原來裡面放著石頭，我將那些石頭丟掉，放進別的石頭。我也到鄰居下村家的稻荷神社去，打開神龕一看，原來神是個木牌，我將它丟掉，裝做若無其事的樣子。沒多久到了二月廟會的日子，眾人豎起旗幟，敲大鼓，敬神酒，熱鬧非凡，我真想捧腹大笑。

文本二：（描述苦讀精神）

手不釋卷　廢寢忘食

我在一八五六（安政三）年三月罹患傷寒，幸得痊癒。臥病時，用布將座墊包起來當枕頭。及恢復健康，我想改用普通的枕頭。當時我與家兄同住中津倉儲批發處，家兄有一部屬。我託該部屬替我拿普通的枕頭來，可是他遍尋不著。我突然想起，我在倉儲批發處居住一年左右，從沒用過枕頭。

其原因是，我讀書不分晝夜，一天二十四小時隨時都可讀書。天黑了我也不睡覺，只是不斷地讀。讀累了，即趴在書桌上睡覺，或者把擺飾台的邊緣當枕頭睡。一年當中，我不曾鋪棉被

擺枕頭睡覺。那時我才發現：「怪不得沒有枕頭，因為我不曾在枕頭上睡過覺。」從此事即可知我奮發向學的情形。並非我一個人特別用功，同窗書生大抵如此，我們可以說是讀到廢寢忘食的地步。

文本三：（描述教育方針）

教育方針注重數理與自立

我們拿東方儒家思想與西方文明思想來比較，東方所欠缺的，在有形方面是數理學，在無形方面是自立精神。不管是政治家治理國事，還是企業家從事商工買賣，甚至國民愛國，家庭親情濃郁，莫不出於此二者。自從有人類、國家以來，西方人的萬物萬事都離不開數理與自立精神。而如此重要的兩種原理，卻是我們日本向來所輕視的。在這種情況下，短時間內，日本不可能與西方諸強國並駕齊驅。我深信這完全是漢學教育的過錯，我們因為資金不足，無法在私塾中設立專科，不過我們盡量以數理為教育的方針，另一方面提倡自立論，隨時隨地不斷地提醒學生注意此事。

文本四：（以風趣手法描述明治維新時動盪的背景）

疑神疑鬼

那個時節，經常有浪人在街頭徘徊，到處都有殺人事件發生，令人不寒而慄。

我把褲裙拉高，以準備危急時能夠迅速逃走。我快速地行走，當我走到源助町的中央，從對面走來一個男人，不知是否我心裡害怕，讓我覺得他非常高大。我心想：「終於出現了，現在想逃也來不及了。」當然，如果警察適時出現，或是我趕快衝進別人家裡還能得救。然而在這種社會動亂不安的時節，普通人家是不會開門的，也不可能出來幫忙。

（中略）

　　當時既沒有法院也沒有警察，砍了人也不會被人處罰，只要逃離現場即可。我們一步一步走近，終於到了擦肩而過的一瞬。然而，對方沒拔刀，我當然也沒拔刀。擦肩而過之後，我快速逃跑，到底跑得多快，我已經記不得了。我跑了幾十公尺之後回頭一看，那個人也快速逃跑。我當時心驚膽跳，等到雙方都逃跑之後，我深深地吸一口氣，放下心來，不禁覺得好笑。

肆、作品對社會的影響

　　一九八四年十一月，日本發行新鈔，將原本舊鈔上的聖德太子等政治人物改為福澤諭吉、新渡戶稻造、夏目漱石三位文化人，代表日本已進入文化大國。其中萬圓大鈔上的肖像就是福澤諭吉。至二○○四年十一月再度發行新鈔，樋口一葉（小說家、詩人）與野口英世（細菌學家）分別被選為五千圓與一千圓上的肖像，而萬圓大鈔上仍是福澤諭吉。

　　他的名著《勸學》（共17篇，1872-76年出版）及另一本著作《西洋事情》（1866年出版）是明治時代的暢銷書，也成為明治初期的教科書。尤其《勸學》一書共發行七十萬部，第一篇若連同海盜版，大約銷售了二十二萬部；換言之，當時的人口每一百六十人當中就有一人讀過此書。《勸學》一書的中心主題，充分表現在書中的首句：「上天造人一律平等，天下沒有人上人，亦沒有人下人」。福澤諭吉在此書中，一再地大力鼓吹自由平等、自主獨立的精神。

　　福澤諭吉的眾多著作，雖然大多仍發揮其影響力，一再出版，但唯有他的《福澤諭吉自傳》至今仍然歷久彌新，擁有最多的讀者。他在日本近代化的關鍵時期，以一個思想家、教育家的先知角色，以及獨創一格的敘述故事口吻，發揮其獨特的個性來完成這本《福澤諭吉自傳》。在《福澤諭吉自傳》中，福澤諭吉對自己的缺點也頗為坦白，他對儒學的排斥態度，讓我們想起中國近代化過程中主張全盤西化的學者。然而，單以他對教育的主張－人應自立自強－而言，這本《福澤諭吉自傳》對於已經進入

二十一世紀的東亞諸國仍具有重要的啟示作用。

福澤諭吉雖因「脫亞入歐」論而引起亞洲人的反感，但其實在辛亥革命前後的中國，福澤諭吉在中國小學生的心目中仍是日本近代化的偉人。一九一四年日德戰爭結束後，守備長官神尾光臣上將於巡視地方途中，走到一間中國鄉下的小學堂。中國教師為了禮遇日本的高官，特別向神尾說可以讓他向小學生問些問題。神尾上將問：「你們認為中國人誰最偉大？」全班回答：「孫逸仙！」神尾接著問：「那麼日本呢？」大部分的小學生都毫不遲疑地回答：「福澤諭吉！」神尾大吃一驚，他的隨扈也瞠目結舌。因為當時（大正初期）日本人在造神運動下，認為明治天皇、乃木希典、山縣有朋、伊藤博文等人才是日本的風雲人物。

伍、延伸閱讀

《勸學》國內已有譯本（譯者：黃玉燕，台北：聯合文學，2003）。

《文明論之概略》是福澤諭吉三大著作中，較能表現他的文明論思想體系的書籍，內容既廣且深，出版至今已經跨越三個世紀：這當中，日本經過明治維新、中日甲午之戰、日俄戰爭、第一次、第二次世界大戰、大地震等天災人禍。在這政治經濟的渾沌時期，福澤諭吉的《文明論之概略》成為日本近代化、現代化的重要指標之一。

此書僅有中國大陸譯本（台灣無譯本）：福澤諭吉著、北京編譯社譯《文明論概略》，北京：商務，1959。

陸、關於福澤諭吉「脫亞論」的爭論

一八八五年三月十六日，福澤諭吉在《時事新報》上發表著名的「脫亞論」，他呼籲日本人，不要眷顧落後的中國與朝鮮，日本應儘速加進歐美先進國的行列。他的「脫亞論」其實就是「脫亞入歐論」，這種想法至今仍存在於某些日本人的思想當中。身為亞洲人，我們除了對此「脫亞論」感到遺憾外，還應該了解產生這種思想的癥結所在。

從美國東印度艦隊司令長官培利（M.C.Perry, 1794-1858）挾著船堅砲

利向日本叩關以來，經過明治維新，直到太平洋戰爭，日本舉國上下的目標就是想脫離「二流國」而成爲世界「一流」大國。這所謂的「世界一流大國」當然不僅是包括文化、科學方面的進步（西化），同時也包括當時「一流國」的擴張主義。如果不了解此隱藏於日本人心靈深處的情結，我們就無法解釋高聲疾呼民主、獨立、平等的福澤諭吉，其晚年竟然會提出「脫亞入歐論」。

戰後，日本最早研究福澤諭吉的人是丸山眞男，他在〈福沢の哲学〉與〈福沢に於ける『実学』の転回─福沢諭吉の哲学研究序〉（收錄於《丸山眞男全集》全16卷，東京：岩波書店，1947）將福澤諭吉定位於市民的自由主義者與追求精神獨立者。此外丸山眞男的《「文明論之概略」を読む》（上、中、下，岩波新書，1986）亦爲解讀《文明論之概略》的權威之作。

相對於丸山眞男對福澤的肯定，遠山茂樹則於一九五一年發表〈日清戦争と福沢諭吉〉一文，對福澤提出批判，該文中提到福澤的「脫亞論」。遠山乃戰後以「脫亞論」批判福澤的第一人。

與遠山幾乎同時提出批判福澤的是服部之總，服部在〈東洋における日本の位置〉（收入《服部之總著作集》全七卷，理論社，1952）中提出福澤具有強烈的國家主義之侵略性。此外鹿野政直的《日本近代思想の形成》（新評論社，1956）也同樣站在批判的立場。鹿野的較近著作有《福沢諭吉と福翁自伝》（朝日新聞社，1998）。還有飯塚浩二《アジアの中の日本》（1960）、竹内好〈日本とアジア〉（收入《竹内好評論集》全三卷，筑摩書房，1966）也是同一立場。二〇〇一年安川壽之輔在〈福沢諭吉─アジア蔑視広めた思想家〉一文中批判福澤諭吉的蔑視亞洲觀。

在國內則有許介鱗於《近代日本論》（日本文摘書選，1987，日文版，1978）第二章中對福澤諭吉展開批判。

然而也有學者主張福澤仍是公民的自由主義者。例如：阪野潤治在岩波版《福澤諭吉選集》第七卷的解說，以及飯田鼎的《福沢諭吉─国民国

家論の創始者》（中央公論社，1984）。他們認為福澤諭吉的「脫亞論」只是對當時朝鮮與中國急於現代化的態度感到失望而已。

二〇〇四年則有平山洋出版了《福沢諭吉の眞 》（文春新書，2004）。平山洋指出「脫亞論」的確是福澤諭吉所提出，但他沒有輕視甚至侵略亞洲諸國的想法。平山說福澤晚年中風得了失語症，他中風後，《時事新報》社論幾乎都是出自其弟子石河幹明之手。將福澤諭吉染上軍國主義色彩的，其實就是石河幹明編的大正版《福澤全集》、昭和版《續全集》，以及石河幹明的《福澤諭吉傳》。現行版由富田正文、土橋俊一編的《福澤諭吉全集》（全14卷）（岩波書店，1980）也是延續石河幹明的路線。平山洋的論說又將福澤諭吉的研究推向了基本文獻的眞偽考證。但是最近有人舉證其實福澤諭吉在早年即已提出類似「脫亞論」的觀點。

柒、研究參考書目

一、福澤諭吉全集

(1). 《福沢諭吉著作集》全12卷，東京：慶応義塾大学出版会，2003。

(2). 富田正文、土橋俊一編《福沢諭吉選集》全14卷，東京：岩波書店，1980。

(3). 慶応義塾編《福沢諭吉全集》全21卷，別卷1，東京：岩波書店，再版，1969-71。

二、福澤諭吉相關研究書目

(1). 平山洋《福沢諭吉の眞実》，東京：文芸春秋，2004。

(2). 松尾正人編《明治維新と文明開化》，東京：吉川弘文館，2004。

(3). 小泉仰《福沢諭吉の宗教観》，東京：慶応義塾大学出版会，2002。

(4). 丸山眞男《福沢諭吉の哲学》岩波文庫，東京：岩波書店，2001。

(5). 安川寿之輔《福沢諭吉のアジア認識》，東京：高文研，2000。

(6). 西川俊作、松崎欽一編《福沢諭吉論の百年》，東京：慶応義塾大学出版会，1999。

(7). 西川俊作《福沢諭吉の横顔》，東京：慶応義塾大学出版会，1998。

(8). 鹿野政直《福沢諭吉と福翁自伝》，東京：朝日新聞社，1998。

(9). 丸山眞男《丸山眞男全集》全十六卷，別卷一，東京：岩波書店，1995-1997。

(10). 安西敏三《福沢諭吉と西欧思想》，名古屋：名古屋大学出版会，1995。

(11). 松沢弘陽校注《文明論之概略》岩波文庫，東京：岩波書店，1995。

(12). 松沢弘陽《近代日本の形成と西洋経験》，東京：岩波書店，1993。

(13). 富田正文《考証福沢諭吉》，東京：岩波書店，1992。

(14). 山住正己編《福沢諭吉教育論集》岩波文庫，東京：岩波書店，1991。

(15). 丸山眞男《「文明論之概略」を読む》（上、中、下）岩波新書，東京：岩波書店，1986。

(16). 飯田鼎《福沢諭吉─国民国家論の創始者》，東京：中央公論社，1984。

(17). ひろたまさき《福沢諭吉》，東京：朝日新聞社，1976。

(18). 遠山茂樹《福沢諭吉—思想と政治との関連》，東京：東京大学出版会，1970。

(19). 伊藤正雄《福沢諭吉論考》，東京：吉川弘文館，1969。

(20). 河野健二《福沢諭吉—生きつづける思想家》，東京：講談社，1967。

(21). 鹿野政直《福沢諭吉》，東京：清水書院，1967。

(22). 竹内好《竹内好評論集》全三卷，東京：筑摩書房，1966-1967。

(23). 小泉信三《福沢諭吉》，東京：岩波書店，1966。

(24). 川辺眞蔵《報道の先駆者福沢諭吉》，東京：三省堂，1942。

(25). 石河幹明《福沢諭吉伝》全四卷，東京：岩波書店，1932。

(26). 石河幹明《福沢諭吉伝》全四卷，東京：岩波書店，1932。

（作者校對，Jenny清校）

《鮑爾風範》：
一位勇者的領導統御智慧

包宗和 （國立臺灣大學行政副校長）

「一位勇者的領導統御智慧」

鮑爾小語

　　一個偉大的領導者，必須擁有修身與識人之才。當狀況來臨時，適時的調整決策方向，並做開心胸聆聽屬下的聲音，應較易達成理想的目標。如同台大包宗和教授於其留學期間，深刻體會到：置身一個團隊之中，個人除了必須擁有獨立思考的能力，還需誠懇面對眾人的意見，而如何培養這兩個要項，就會成為一位優秀領導人養成與否的重要課題。

　　《鮑爾風範》一書仔細臚列一生功業彪炳，五項「第一」的鮑爾（Colin Powell），究竟如何成為一位優秀領導者的因素。透過包宗和教授深入剖析與探研本書，我們發現了不同於以往那些陳述於教科書上的原理規範，本書以一種合乎現實情況的管理模式，來闡述建構領導人之原則到底為何。藉由這篇精采的解說，相信將能再次喚醒我們成為一位偉大領導者，發揮傑出領導統御智慧的理想使命。（民）

由歐倫‧哈拉利（Oren Harari）著作，樂爲良翻譯的《鮑爾風範：迎接變局的領導智慧與勇氣》(*The Leadership Secrets of Colin Powell*)一書，對鮑爾（Colin Powell）的卓越領導能力有相當深刻的分析和描述，這是一本研究領導統御的好書。

一位成功的領導人可以從幾個方面來觀察。首先是他做事的態度，這是領導統御的基礎；其次是其決策的風格，因爲領導者必然也是一位決策者。領導的對象是人，領導是一種藝術，故另一個觀察點即領導「人」的藝術。領導也涉及用人的原則，即用什麼樣的人以及如何用人。領導人本身所具備的特質也關乎領導的成敗，一個領導人如何建構自己，如何做好心理準備，則關乎其在面對挑戰時如何自處，如何克服困難。任何一個領導人均有下台的時候，所謂上台靠機會，下台考智慧，這不僅仅關個人的進退，也關乎政局的穩定。鮑爾在這些面向均有傑出的表現，讀完這本書，就了解何謂一個成功的領導者。

一、鮑爾其人

鮑爾以美國少數族裔之身，一生功業彪炳，奪得五項「第一」。他是美國第一位黑人四星上將，美國第一位黑人國家安全顧問，美國第一位黑人參謀首長聯席會議主席，美國第一位黑人國務卿，且曾被認爲可能成爲第一位少數族裔總統。這些背景反映其不平凡的經歷，也爲其累積了卓越的領導統御經驗。

二、鮑爾做事的態度

從鮑爾做事的原則即可看出他是一位勇者，這些原則如：

1. 要負責，就不怕得罪人：這是勇於任事，有得罪人的勇氣。

2. 及時改變，以免時不我與，改變就是成長：這是挑戰現狀的勇氣。

3. 勇於嘗試，不輕易說「不行」。

4. 勇於發現真相，面對真相。

　　一般人往往囿於陳規，抱持沒有人說：「可以」，就不敢做的態度，這就是所謂多做多錯，少做少錯，不做不錯的心態。鮑爾則正好相反，他認為只要沒有人說不可以，就去做。這也是一種勇於嘗試的精神。

　　鮑爾的勇氣還表現在勇於面對過錯、勇於挑戰權威方面。他主張以改進代替掩飾，並且在挑戰權威時能謹守分際，有為有守，尊重上司人格，也堅持自己尊嚴。

　　鮑爾凡事均想清楚目標後再做，不讓自己的熱情淪為盲目教條和不可理喻的狂熱劾力。如果說鮑爾是一位理性主義者亦不為過。換言之，他永遠知道自己在做什麼。

　　身為一位軍人，通常是勇往直前，絕不退縮，鮑爾在戰略上即抱持此一原則，認定目標，義無反顧，但在戰術上卻保持彈性，不硬拼到底，流為莽夫。戰術上必要之退場是在為最後勝利做準備。做為一個領導者，他的指示永遠是明確、一致、簡單，並重然諾。

　　軍人往往是粗獷的，鮑爾處事卻有其細膩之處。他注重細節，因為任何一個環節出錯，都可能會貽誤大局。他也非食古不化，一成不變，遇到環境變遷，狀況改變，他會構思新的策略，戰術與思維。

　　鮑爾永遠做對的事，這也是他能保有高尚情操，受部屬愛戴的原因。身為一個成功領導者，勤政是非常重要的。但鮑爾對「勤」有他自己的界定，即必須建立在高效率的基礎上，勤並非指工時長，因為工時長不等於績效高。政治人物通常設法使自己成為一位受歡迎的人物，鮑爾卻認為被尊敬比受歡迎重要，後者只是浮面的情緒反應，前者則是發自內心地敬仰對方。譬如，一位降將可能受到征服者的歡迎，但一位寧死不屈，捨生取義的烈士，卻可能贏得征服者的敬重。

　　鮑爾是成功的典範，但他卻以「成功往往招來未來的失敗」惕勵自己，此即「滿招損」、「驕兵必敗」的道理。鮑爾充分掌握了「得意時處之以淡」的道理。

三、鮑爾的決策理念

歷史上許多領導人因固執己見，剛愎自用而失敗，鮑爾作決定時做到了不我執，不以權威形成共識，而是締造參與式的共識，鼓勵「百家爭鳴」，自己多聽少講。也唯其如此，部屬才敢將自己看法講出來，作決策前才能做到「察納雅言」，進而做出最正確的決定。

決策領導最忌瞻前顧後，優柔寡斷，鮑爾是該下決定時即下決定，如此方不致於誤事，也能贏得部屬的信心。由於他做事勇於嘗試，故決策時也往往能打破常規，引導創意。他因重視細節，故能減少失誤，有助於決策品質之提升。他因重視部屬對決策的參與感，故願意利用科技將每個人及其資訊納入系統，使任何好的意見不會錯失。決策除了做決定外，還包括執行；部屬陽奉陰違，將使決策品質大打折扣，故鮑爾善待同仁，以保證決策被忠誠地執行。

四、鮑爾領導「人」的藝術

從鮑爾的決策理念，可以看出他是一位很願意傾聽部屬心聲的長官，這也反映在他領導「人」的藝術上。鮑爾的做法是設法讓部屬願意將問題講出來，否則他就認為自己不再是他們的領導人了。他深知部屬通常很難有機會親近長官，因而他會刻意給部屬製造「巧遇」的機會，讓部下在很自然的情況下和他「不期而遇」。他督促自己忘記階級，打開溝通管道，視屬下為伙伴。部屬難免犯錯，只要能改進，絕不算舊帳。這一方面給予屬下繼續努力的動力，同時也使屬下感念長官的寬容，更加全力以赴。

前面曾談到鮑爾總是多聽少講，鼓勵部屬參與決策過程，最重要的是能讓部下貢獻智慧，以便做出好的決策，故他總會設法營造出每個人都想力求表現的氛圍。而直接接近部屬則是因為他深諳屬下想在長官面前力求表現的心理，這也使部屬感覺他們是很重要的，因而願意講出自己心裡的看法，而不會覺得說出來也是徒勞。鮑爾對部屬的真話，不論其是否有所冒犯，均能包容，這使得部下無所忌諱，領導者也可保證自己能夠耳聰目明。

鮑爾另一成功之處即不處罰失敗者。失敗者不一定是犯錯者，多數也曾盡心竭力，卻因時運不濟，仍可能失敗。「勝敗乃兵家常事」，鮑爾對失敗者之體諒，為他贏得了更多的愛戴，也孕育出日後更多成功的因子。

任何一位領導人的言行均會對部屬造成影響。所謂「身先士卒」，即自己苦屬下之所苦，成為部下之典範，如此誰敢懈怠？誰願懈怠？鮑爾領導「人」的藝術之一即「以身作則」，以身教言教，使部屬無怨無悔地跟隨他。

五、鮑爾的用人原則

鮑爾不僅有優越的領導「人」的藝術，也有出眾的用人原則。前者是在已用之後，後者則在未用之前。鮑爾用人原則中最令人折服之處即不怕用比自己強的人，此種胸襟氣魄實非常人所能及。領導者的一項通病是忌才，深恐身旁的人太強，威脅到自己的地位，結果往往造成所用均為只會逢迎拍馬的庸才。事實上，每個機構都有他的體制，領導者的權力是制度所賦予的，不用太顧慮指揮權是否會受到影響。用比自己強的人往往會做出更好的業績，而整個單位強，成果輝煌，功勞當然歸於領導者。換言之，部屬的成功，就是領導人的成功，鮑爾「不怕用比自己強的人」的用人原則，實已體會出領導統御的箇中三昧。

鮑爾一旦用人，即充分授權，這不僅使部屬可以一展所長，也代表對部屬之信任，並可避免自己事必躬親，心力交瘁而沒有效率。鮑爾用人的原則是找有頭腦、有判斷力、忠誠、正直、精力充沛、身心平衡，想把事做好的人。忠誠並非愚忠，而是決策前敢講真話，決策後能切實執行的人。

鮑爾對第一線的弟兄充分信任，因為第一線弟兄往往最了解實情，也最知道如何應變。鮑爾確實做到了「疑人不用，用人不疑」的境界。

六、領導者的特質

一個成功的領導者除了懂得用人之外，本身的人格特質經常也是部屬

是否願意心悅誠服追隨的重要因素。鮑爾認為屬下往往因好奇而追隨，這裏的好奇並不一定是指搞神秘，而是因仰慕，進而想了解學習而追隨。另一項追隨要素是部屬依賴你，這種依賴源自領導者的能力、品格、勇氣、忠誠、信心、無私、犧牲及同情。領導者必須有領導能力、高尚品格、任事勇氣、忠於職守、對完成任務有信心、大公無私、犧牲小我及同理心。此外，領導者必須有樂觀的性格，這是一種處理內在世界的能力，但非盲目樂觀。樂觀也是給予部屬信心的一項不可或缺的要素。我們經常說某某領導者具有領袖魅力，這是一種特有的氣質，使部屬不自覺的願意追隨。其實此種領袖魅力即上述特質的綜合表現，再加上親和力的散發，即能帶動部屬的心，從鮑爾身上，我們基本上看到了這些特質。

七、領導者如何建構自己

領導者除需具備良好之特質外，健全地建構自己，禅能擔負重任，也是必要的。鮑爾諄諄叮嚀，領導者千萬別讓自我與地位掛鉤，否則很難放下自我，親近下屬，而疏離之結果，就是資訊的斷絕。領導人因在高位，不免有其優越的自我意識，因而以其自己主觀的看法去界定現狀，以為自己所想的就是現實，然而事實卻常常並非如此。脫離現實的決策很容易形成誤差，造成錯誤。放棄自我意識，特別是去除與地位掛鉤的自我意識，是對抗自滿的最好方法。

鮑爾認為領導者應挑戰自己的極限，以求任務圓滿達成。但人的身心有其窮盡之時，故領導者應以休假維持身心平衡，並能兼顧工作與家庭，具有努力工作又能放鬆休閒的平衡生活觀。換言之，領導者要有健全的自我，又能超越自我。

八、做領導人的心理準備

鮑爾是一位理性主義者，其特徵是在做任何一件事之先，立下明確的目標，並充分掌握資訊，知道自己承擔工作所將面臨的挑戰。鮑爾以其豐富的領導經驗，指出作領導者應有的心理準備。首先，領導人是孤寂的，他也許有許多掌聲，有許多鎂光燈，有許多讚美，但周遭也少了一份真誠與友誼。做決定時必須獨自面對壓力，獨自承擔成敗結果。領導者需有接

受、處理，甚至善用孤寂的能力。

此外，領導者總有失去權力的時候，故要能忍受失去權力的失落感。如果無此能耐，就可能行險僥倖，戀棧權力，甚至破壞體制也在所不惜。結果不僅壞了國政，也毀了名聲。唯有充分了解失去權力是常態，並處之以忍，方能為所當為，知所進退。

一個不好的領導人是要部屬扛責任，一個好領導者則是自己負起該負的責任。前者是一種卸責的行為，後者則是一種有擔當的作為。

九、下台的身影

當領導人做好承受失去權力時的失落感之心理準備，對下台時的身影就較容易拿捏了。首先，做不好就下台，這是一種勇於負責的表現。而優雅適時地下台有時也是需要的。下台不一定是因為做不好，有時做得好也得下台：如長官希望你下台，或自忖見好就收等。下台有很多種因素，最重要是：要能在適當的時機做適當的決定。適時放棄權位，反能長留去思。鮑爾對領導者下台的身影，做了最佳的詮釋。

十、結論

《鮑爾風範》這本書以一位成功領導者為例，生動地描繪出何謂傑出的領導統御。從這本書中，我們深切體認到：領導是成就了管理科學認為不可能任務的一種藝術，領導統御不是階級、特權、頭銜與金錢，而是責任。領導統御必定離不開權力，這個權力絕非為所欲為，而是能力、說服力與影響力的總和。領導人需具備足以領導的能力，在身教言教上，有令人信服的說服力，以及讓部屬萬方景從的影響力。鮑爾不僅以其充滿智慧的話語，告訴讀者何謂出眾的領導統御；更以其親身經歷，詮釋出何謂傑出的領導者。

（語慧清校）

賞析《紅樓夢》群芳圖譜

謝鵬雄（專業作家，留日傳播學者，資深電視從業人）

「曹雪芹之筆力雄厚，因此才能深入這芸芸眾生的性情，在此寫他們
的詩，說他們的話，將每一個人的性格與程度，每一個人的思想意向
都表現得鉅細靡遺。」

《紅樓夢》小語

話說：相由心生，這句話時常圍繞在我們的周圍，而每個人的樣貌，多多少少會被本身的氣質、舉止、應對所影響。不知道我們是否曾經在心中勾勒出自己所喜愛的小說主人翁的樣貌呢？我們雖無法確切地知道他們的模樣，但我們可以藉由對於小說所投注的想像與發明，進而揣測那每一個只有你才認識的面容。

《紅樓夢》裡面的各個女主人翁們，在作者的生花妙筆下，賦予了她們凜然生動且各具獨立特色的性格。如黛玉的敏感纖細與晴雯的剛烈倔強；襲人的溫柔恭順及寶釵的面面俱到…她們每一個人，都活生生地在我們心中顯影迴旋，彷彿就像是多位老朋友。當然，人的氣宇性情，並非幾個簡單的形容詞就可描繪完整，黛玉雖多愁多病，聲淚俱下地葬花，卻也在大觀園中處處留下了率性任真、好惡不掩的聲息。而襲人和寶釵看似賢淑守拙，但是總讓人覺得處事過於規矩世故，而有種不易親近之感… 人物們種種細膩的情態表露，正是《紅樓夢》讓人覺得情牽夢縈，有餘不盡的地方！

這次，我們準備了面目一新的插畫，將我們心裡所感覺的眾位女角具象面呈，大家不妨猜一猜！也許，我們心中的黛玉、湘雲等一干不世出的女傑，那顧盼丰采竟是如此神似！
（祐）

今日來跟各位說說《紅樓夢》，說說這個「說」字和「談」是不一樣的。「說」是從前中國話叫「說書」，是就一本書的內容來說，可以說的天花亂墜。而《紅樓夢》是一部偉大的小說，無論世人如何褒獎它，都絕不為過。

《紅樓夢》，體裁是小說，感情如詩，思想奇宏，題材寫透時代風俗，曲盡富貴人家的人物、人事，而有寫「史」之心。蓋法國羅曼‧羅蘭（Romain Rolland,1866-1944）所謂「大河小說」（Roman-fleuve）也。廣袤之大、意境之高、感情之深、情節之奇、語言之趣、人物之狀，獨步千古；什麼樣的人看之，就會有什麼樣的感受；什麼水準的人看了，就有什麼水準的收穫。此書，甚難解而又可千方百般地解，一百人做一百種解讀，不妨第一百零一人又有新解，其書之不朽，在其奧蘊可無窮盡地解下去。讀《紅樓夢》，看到小說中主角人物的言語、行為、用心，會聯想到D. H. Lawrence或Henry James等人的心理小說。看到官僚的嘴臉及紈袴子弟的生活，會聯想到近代中外寫實小說。看到三生石畔的故事及空空道人的出現，則幾疑置身於太古神話之中。神遊太虛境，幸逢警幻仙子，則有如楚王巫山遇神女了。令人驚歡的是這麼多天南地北、古往今來的不同性質素材，放在一處成了一部小說，竟是那麼自然融合，絲毫不覺有什麼不協調的地方。這樣的現象，令人覺得曹雪芹似乎重新定義了「小說」這個名詞的意義及範圍了。因此，解讀這樣的小說，莫非也應當有新定義的解讀法？

近代美國文學評論家孟堅（H.L.Mencken,1880-1956）在其著作《偏見》(Prejudices)中說：「大部份好小說都以墮落的人性為其重要題材」（Character in decay is the theme of the great bulk of superior fiction.）。這話似乎也說中了《紅樓夢》。《紅樓夢》中的賈政墮落於封建背景的拘泥中、賈母沉溺於回憶中的榮華、熙鳳墮落於權勢與物慾中、賈珍和賈璉墮落於色慾中、寶玉耽溺於意淫中、襲人沉溺於姨太太的柔情思想中、黛玉沉溺於戀愛中、寶釵墮落於自己設定的賢妻良母意態中、湘雲陷落於名士風流的主意中，還有尼姑妙玉，自己沒有能力墮落，乃由外賊劫持，毀其所有堅持而一物不剩！

墮落，使作品偉大，也常使人透過悲劇生涯而偉大。人要望盡天涯路，且歷經天涯路，才能警悟：「墮落原是人生的宿命」。所以曹雪芹是以憐憫之心——幾乎是以大悲之心寫這些人。偉大，原不在寫什麼，而在於以什麼心情寫。王國維說：「詞至李後主而眼界始大⋯⋯。」，筆者願續一句：「小說至曹雪芹而情感始深。」

法國《隨想錄》(Essais)作者蒙田（Michel Eyquem de Montaigne, 1533-1592）曾說：「談論書的書，遠多過原來的書」。《紅樓夢》只是一部書，但談《紅樓夢》的書，數量卻千倍於《紅樓夢》。區區「私解」，願學這千百之一，若有片言數語，足感讀者之心，乃筆者之幸。然而一路為《紅樓夢》作解，深深體會到曹雪芹作品的天涯路，原是不易望盡的。

從寫作技法來看，沒有一種現代文學理論能全然概括《紅樓夢》。這本書涵蓋了神話、現實、夢境、浪漫愛情、男女淫思、人情冷暖，更有家族興衰。涵蓋範圍如此之廣，任一主義等的名詞都沒辦法概括它。這等豐富的內容，融合在《紅樓夢》一書之中，令人愛不釋手、深受吸引，且完全不感到這包羅萬象的內容有何彼此衝突、相互牴觸之處。可見曹雪芹確實具有寬大的胸懷，能包容世間種種人事。《紅樓夢》的角色，不論是具有高尚的情操或低俗的人格，在曹雪芹筆下，總是個性鮮明，活靈活現。

再從他的文章、語言、詩、詞、心和人談起，這本書的語言，原則上是按照宋元明清以來的演義小說而寫，一般演義小說，每一個章目前面都會有一個標題，通常五個字或是七個字為主，而曹雪芹的《紅樓夢》卻完全跳出此侷限外。另外在語言文字方面，曹雪芹獨到之處，在於他不為自己寫詩，卻願為筆下一個個南轅北轍的人物寫詩。例如：他替林黛玉作詩「孤標傲世偕誰隱，一樣開花為底遲」；替薛寶釵作詩「淡極始知花更艷」⋯等，都很合乎該人物的性格，可以想像那些人大概是會寫這種詩，但是仔細想想，所有的詩又是曹雪芹一個人寫的；他鮮少替自己說話，卻為榮、寧二府中大大小小的角色們發聲。每個角色的出身、個性、才華、思想上的侷限、人生的志向都大不相同，曹雪芹之筆力雄厚，因此才能深入這芸芸眾生的性情，寫他們的詩，說他們的話，將每一個人的性格、思

想意向都表現得鉅細靡遺。很難想像，怎麼有一個人能夠進入這麼多人的心情，進入這麼多人的才華當中，爲這麼多人寫詩。

第一章，林黛玉到賈府的時候，作者將大家集中到府中，藉由每一個角色的登場，介紹了小說中將來要出現的各種人物性格。在這裡要介紹的是王熙鳳。她在《紅樓夢》裡是一個很顯明的角色，極具重要性，她一生由盛而衰最後病死的經過，正是賈府這個大家庭的縮影。因此，作者下了比林黛玉和賈寶玉更多的筆墨，來描述王熙鳳這個眞正的主角。但事實上，王熙鳳出現在賈府的年代，是與之格格不入的，因爲她是一個長袖善舞，能說好話也能說壞話，並做盡任何壞事的人，宛如我們在台灣電視上看到的十足現代人。而曹雪芹把她放到這書中時，卻令這整個環境生動起來了，也不惜讓她用很俗氣的話來彰顯其特色，這是作者技巧高竿的地方。曹雪芹有胸懷包容所有事情，舉凡從境界高的到低的都有，高的如史湘雲，而低的如趙姨娘。另外，在賈寶玉一進門時，點出林黛玉與他有似曾相識的感覺，來吸引讀者的目光。再回頭看王熙鳳，不管是對她的夫婿或在其他方面，她都不曾讓自己吃虧；可到頭來，她吃了一個大虧，在她快嚥下最後一口氣時，才找回了劉姥姥來幫忙照顧她的女兒——巧姐。這人生的事幾乎是一條線牽著一條線的。

現在進入大觀園，首先要談史湘雲，曹雪芹除了用一個「湘」字，湖南的簡稱，來爲她命名之外，還用「湘江水逝楚雲飛」來描寫她，代表了《紅樓夢》註定是悲劇[1]的結尾。史湘雲爲人高尚，非常光明磊落、意氣風發，不屑於與人爭論，相較於賈寶玉、林黛玉、薛寶釵、王熙鳳等，其處境是比較不可憐的，而她正因如此而令人印象深刻。書裡第一個提到悲劇的成因，乃是因欲望而起。一個人有欲望，相對就會有悲劇發生；相反的，一個人光明磊落，心裡坦蕩蕩，就不應該會有悲劇，因爲悲劇是自

---

1 悲劇，何謂悲劇呢？我們先有文學理論，而後才有悲劇、喜劇、小說、詩這些名詞；而文學的最開始起源是從宗教開始，在於人類尚未有文明之時，譬如從拜一顆樹如此簡單的一個信念開始。然而，悲劇的英文叫"tragedy"，是由goat song道兩個希臘字合併起來的，意思是羊的歌。在我們京劇中說文武場，也就是一般說的樂隊，樂隊帶著羊面孔的套子在那裡吹奏，　所以就說它是羔羊之歌，這兩個字合併爲tragedy，就是「悲劇」。

己有所圖謀的結果。再來談薛寶釵，她幾乎是戀愛裡的典範女主角，薛寶釵為人謹慎，讓讀者感覺到她過分的拘謹，停留在賢妻良母的框框內。所以她一輩子受限於此，雖然詩作得很好，人也不錯很規矩，但是讀者卻不能由衷地去真正喜歡這個人，她只能體體面面的保守地說幾句話，讀者也沒辦法進入她的心。反觀之，史湘雲則是一個可以做朋友的人。在《紅樓夢》後九十回續書中，續寫者給了薛寶釵一個很悲慘的下場，雖與賈寶玉有過短暫的夫妻生活，卻為時甚短。我在此舉個例子。莎士比亞有齣劇叫做《凱薩大帝》 (*Julius Caesar*)，凱薩大帝有一個弟子叫作布魯圖斯 (Brutus)，當他在猶豫要不要參加刺殺凱薩的集團時，整晚躊躇，在此時他的妻子說：「當一個妻子，不是只配陪丈夫吃飯睡覺，而是要能分憂解勞，如果你什麼都不告訴我，那我算什麼妻子！」爾後，兩派開戰，布魯圖斯戰死了，他的妻子聽到消息後也跟著自殺。根據曹雪芹所寫的小說，他讓薛寶釵的先生（即賈寶玉）離開她，讓她死守賈家過一輩子，正是曹雪芹對她的懲罰，而不是享受榮華富貴。

再來看林黛玉，我以為她在《紅樓夢》裏是有點破綻的。《紅樓夢》後面讓她的詩寫得很好，人很專情；可在一開始，卻是把她描述成對許多人都不敢發脾氣，但對賈寶玉一直生氣的女人。一個氣度如此小的女人怎麼會寫出「偷來梨蕊三分白，借得梅花一縷魂」這樣的詩句來？因此筆者個人認為作者描述林黛玉這重要角色，在文學理論上看起來是不連貫的，文章中也沒有轉折呈現，這是曹雪芹疏忽的地方。另外曹雪芹塑造了一個場景，一句至今變得很通俗的詩：「儂今葬花人笑癡，他日葬儂知是誰？」，來描述黛玉的心裡是有很多情結的，其中一個情結就是「自憐」，並把這個自憐情結移到花上面去，花凋謝了也沒人理它，黛玉將它們好好集合起來埋葬掉，也算是對它們的一個公道。

接著談到在寶玉身邊的襲人，這個姑娘很懂事也很溫柔，會規勸寶玉不要做荒唐事。寶玉身邊還有一個人叫晴雯，她既不勸寶玉，也不大理襲人，她並不和寶玉親熱。在她死後，寶玉為她寫一篇祭文，以表明她是貞潔之人。在這裡我想拿她和《傲慢與偏見》(*Pride and Prejudice*)的女主角—伊麗莎白作比喻。在《傲慢與偏見》中，伊麗莎白很勇敢地面對彬

萊(Bingley)家裡的姐妹仗勢欺人的嘲諷，就算自己是家裡沒有馬車的普通人，她也理直氣壯[2]。而晴雯，就是這樣一個有氣魄的女孩。之後為了替寶玉縫補一件被火燒破洞的孔雀裘而受了風寒；隔天睡覺被王夫人抓到，王夫人見她有幾分姿色，怕她勾引寶玉，便將她趕出府外；晴雯離家出走，因此病死。在此，可能很多人不諒解賈寶玉，若不是他如此膽怯，如此沒有擔當，不能將他反對八股文的那股氣魄拿出來，晴雯就不會死。

曹雪芹存心要把寶玉寫成一個沒用的人，讓這小說成為一個悲劇，賈府的第三代，包括賈寶玉在內都不是有理念的人，只有探春是有理念的人。她是賈政的女兒，然而她卻是趙姨娘生的，也就是姨太太的女兒，雖然有著真儒家的精神，但是因為女兒身始終不能擔當一番事業。我以為《紅樓夢》中的人如黛玉、寶釵、寶玉，相較起全書的反派角色，都描述得相差甚遠；曹雪芹在描述反派角色時，不論賈敬、賈赦、賈璉、趙姨娘、王熙鳳等，可說是書寫得淋漓盡致。曹雪芹故意很用力地寫這些事情，使這個貴族大家庭一步一步走向毀滅。最後賈府被抄，史湘雲嫁到很遠的地方去，探春也同樣遠嫁，書裡並沒有交代嫁到哪裡去。我因時間的限制，就先「說」到這兒。

（作者校對，Jenny清校）

編按：2009年9月30日謝鵬雄教授於交大經典名著選讀講座上解析《紅樓夢》的群芳圖譜，緊接著引發熱烈的迴響，令人難忘。本文由課堂演講逐字記錄修改而來，經謝教授審定而成，並在前面加入〈望不盡，天涯路〉（謝鵬雄《紅樓夢中的女人》自序）一段節錄，是為此次演講的導讀文字。期能藉由課堂之文學解析筆記，帶領讀者略窺紅樓群芳之心。

---

2 彬萊(Bingley)和伊麗莎白的姐姐珍(Jane)談戀愛，他們兩個出去之後，遇到了大雨，珍遂生病而留在彬萊家住下。隔天，伊麗莎白到彬萊家裡去看看姐姐到底怎麼回事。不巧，遇到了彬萊的姐姐們，這對姐妹很勢利地劈頭就問：「小姐妳是怎麼來的？」因為她們知道平民家是沒有馬車的，想藉此奚落一番。但是伊麗莎白，她挺胸直視著她們並理直氣壯地說："I walked!"（「我走來的！」）

解讀《老子》密碼

丁達剛（南亞科技資深副總）

「道可道，非常道。名可名，非常名。」—《老子》

《老子》講員丁達剛先生小語

　　講員丁達剛先生在台北建國中學就讀高三時，被選為班長，並代表參加全校模範生的競選活動，大有勝選之勢。不料，普選當日的選票上，該班候選人姓名欄位空白。事後經班導師向訓育組長查詢原因，回答居然是：「丁達剛的學業成績，平均不滿八十分，沒有資格當模範生。」，全班為之譁然，氣憤不已。

　　在大學聯考的前一個月，因嚴重胸悶至醫院檢查，發現肺臟氣泡破裂，需立即住院開刀。兩週內動了兩次胸腔手術，於聯考前數日方才出院。住院期間，因為身體虛弱，無法複習功課，想必影響聯考成績。然而，丁達剛卻奇蹟式地考上了第一志願—台大電機系。

　　以上兩則小故事，丁達剛的班導師朱再發先生謹記在心，成為他日後勸慰學生的題材。話是這麼說的：「成績不好，沒有關係；聯考前複習不完，也沒有關係；曾經有一位叫丁達剛的，雖然‧‧‧，他依然考上第一志願。」

　　當丁先生被問及當時的心情，他說：「從小讀《聖經》的好處，就是遭逢人生的變局，能夠沉著面對。因為相信上帝的磨練，對我永遠是有益的。」

　　正是這每日讀經的習慣，讓他養成喜愛真理、追尋真理，從而忠於真理的誠實性格。丁達剛說：「我喜愛讀經典書籍，因為其中蘊藏了豐富的智慧，是根基於古聖先賢對真理的透徹了解。」他最愛的經典書籍為《聖經》、《老子》與《四書》。　（新文藝編輯團隊）

　　大學的時候讀《老子》，不知所云。我想很多人跟我一樣，等到人生經驗多了一點，回頭再看《老子》，好像多了些體會，但還是不知道它在說些什麼。

　　當然，自古及今許多學者為《老子》作注釋，但讀來總覺得意猶未盡。難道老子所講的道理是紛雜而不成一個體系？所以長期以來我把《老子》當作是一本密碼書，字數不多，但我相信包含於其中的意義無窮。我也一直在尋找開啟這一部千古奇書的鑰匙。

　　直到有一天，當我重讀《老子》第一章時，眼睛突然一亮，這才恍然大悟，原來《老子》所講的，就是我一輩子所從事的 Memory Circuit Design！這引起了我對《老子》的強烈興趣：難道老子懂得高科技？當我繼續閱讀《老子》第二章，我的眼睛又再次為之一亮。不得了！原來《老子》所講的東西，還真是了不得！

　　今天，我將這近十年前所發現的秘密與大家分享。

老子說《記憶體設計概論》

　　道可道，非常道。名可名，非常名。

　　無名天地之始，有名萬物之母。

　　故常無，欲以觀其妙；常有，欲以觀其徼。

　　此兩者，同出而異名，同謂之玄。

　　玄之又玄，眾妙之門。

　　「道可道，非常道。名可名，非常名。」，念起來順口，聽起來順耳，只是在大腦裡很難產生完整的意義。是不是？

　　我嘗試用兩句話來解釋其中的意義，看看會不會容易些：「道，只可名而不可道，因為一道就是名；名，只可道而不可名，因為一名就是道。」

「道可道，非常道；名可名，非常名。」其實不是兩句話，而是一句話。講的是「道」與「名」的關係。我心中有一個「道」，想把它說出來，只是說出來的都是「名」，這就叫作「道道名」；聽「道」的人想要瞭解道，但聽到的卻是「名」，全靠這個「名」在我腦中激發出一個我所理解的「道」，這可稱之為「名名道」。「道道名」與「名名道」中的第二個字是動詞。

再講得明白些：「道，只可意會而不可言傳；名，只可言傳而不可意會」。您懂了嗎？您意會了嗎？第二個「名」，翻成英文就是"Mean"。

我嘗試以高科技解讀《老子》，也就是以「高科技」為「名」，來意會「老子」的「道」。然而在同時，「老子」也成為我理解「高科技」之「道」的另一個嶄新的「名」。也就是說，「老子」與「高科技」互為「名」與「道」。

由於我的專業是 Memory Circuit Design，因此我發現《老子》第一章可以描述 Memory 的系統。但是我向你保證，你絕對也可以，利用這一章去 Model 你所學的那一套理論。讓我來教你這個方法，利用高科技來解開《老子》密碼。

在 Memory 的設計上，最重要的兩組信號：一為 Address，另一為 Data。請問，這兩個，何者為「道」？何者為「名」？

大家所熟悉的 Memory 類型，有 DRAM 與 Flash。無論哪一種，都只做一件事情，就是將 Data 寫進所指定的位置，以後再把它讀出來，這就是 Memory 的功能。

我們可以把 Memory 想像成由許多方格組成的置物櫃。而每個方格各有其所屬的地址以供辨認。Address 就是用來選擇所要存取 Data 的特定方格。

一個是 Address，一個是 Data；連連看，「道」跟「名」，到底哪個連哪個？對了！Address 是名，Data 是道。名是地址，道是內容。名是

Pointer，指向其「意有所指」的 Content。

看到了嗎？《老子》第一章的一開頭，講的就是 Memory Circuit！

「無，名天地之始，有，名萬物之母」

老子講話，先後有序，邏輯嚴謹。在表達概念之前，先分辨「語言」與「意義」，再清楚定義所要用到的「語彙」，不容一絲模糊。先定義「無」，它名(means)「天地之始」；再定義「有」，它名(means)「萬物之母」。何謂「天地之始」？有了空間，始有天地；空間之上爲天，之下爲地。故「天地之始」即「空間」之謂。而「空間」既謂空，即爲「無」。Memory 的空間大小由 Address bits 的數目決定：n 個位元的 Address 可以 decode 出 2^n 個存取位置，即爲該 Memory 的容量。以此計算，30個位元即可鋪陳十億大小的存取空間。空間存在的目的，是爲 Data。Data的多樣性是由Data的位元數目決定：m 個位元的 Data 可以分別出 2^m 個物種的多樣性。以此計算，百萬種類只需20個位元即可分別。只要 Data 存在，無論其位元數目潛藏多麼豐富的物種多樣性，皆可稱其爲「有」，亦可認其爲「萬物之母」。

「無」跟「有」定義好了，老子接著介紹「常無」與「常有」：「故常無，欲以觀其妙；常有，欲以觀其徼」。

Memory 有兩種：一爲 Volatile Memory，以 DRAM 爲主；另一爲Non-volatile Memory，以 Flash 爲主。Volatile Memory 需要電源以維持所儲存的 Data；而 Non-volatile Memory 卻可在無電源狀態下保有 Data。請問，DRAM 與F lash，「常無」與「常有」，連連看，哪個是哪個？對了！「常無」是 DRAM，「常有」是 Flash。平常沒事，有誰把電源開著？

DRAM 跟 Flash 雖然都是用半導體做的 Memory，但是其中的巧妙，卻有所不同。DRAM 的可觀之處，在其 Memory Cell〈記憶體細胞〉的精巧結構，老子稱之爲「妙」；而Flash的可觀之處，卻在其細胞材料的耐久性，也就是一個記憶體細胞可以更改資料的次數，老子稱之爲「徼」，也就是邊界、極限的意思。

聽到這兒，您會不會感到希奇：老子怎麼會知道這些高科技的東東？那您得繼續往下聽，怪事還在後頭。

「此兩者，同出而異名，同謂之玄。」

此兩者，就是「常無」與「常有」，也就是 DRAM 與 Flash。它們倆，同「出」而異「名」。前頭兒說過，Memory 的基本功能，就是把 Data 寫進去，以後再把它讀出來。請問，「出」與「名」，「讀」與「寫」，連連看，哪個是哪個？

對了！「出」是「讀」，這個容易，「讀」「出」來嗎！但是，「名」為甚麼是「寫」呢？這我就要教你一個讀古文的方法：加一個偏旁試試看。「名」字加個「金」字旁，不就成了「銘刻」、「銘記」的「銘」嗎？但是，為甚麼老子不用一個「入」字，既直接，又登對？這我就得佩服老子用字的精準了。原來，DRAM 和 Flash，讀出來的方式大同小異，都是把小信號放大就好。然而它們把資料寫進去的方式，卻大大不同。在 DRAM，這個動作很簡單，只要把儲存格的門打開，把資料放進去，就完成了。然而在 Flash，寫一筆資料，就好比刻一塊石板，先要將石板上原有的舊文用力刮去，我們稱之為 Erase；然後再用刻刀將新文一字一字刻上，我們稱之為 Program，寫的動作，至此才完工。請問，一塊石板能不限次數地除舊佈新嗎？所以 Flash Memory 講究它的耐久力，也就是它一生中能夠 Erase/Program 以變更資料的次數。回過頭來，請您細心體會一下，為同時描述這兩種大異其趣的寫的動作，還有那個字，比「銘」字用得更精準，更貼切？

那麼，「同謂之玄」又是何義？。「玄」字有點兒玄，但加個「弓」字旁，就一點兒也不玄了。「弦」是以波的型式來傳遞信息或能量的。琴弦傳音波，電線傳電波，所以「弦」就是「電路」、「線路」。老子說，此兩者，也就是 DRAM 和 Flash，都是「電路」，都是 Memory Circuit。故「同謂之玄」。

至此，還有人懷疑老子懂得 Memory Circuit Design 嗎？

　　但是真正最妙的部分，卻在最後八個字：「玄之又玄，眾妙之門」。這八個字，如同畫龍點睛一般，讓人不得不承認，《老子》第一章講的就是 Memory Circuit！

　　「玄之又玄」，這裡面有兩根「弦」；而 Memory Cell 的基本結構即是由兩條線路交織而成。一條經線叫 Word Line，另一條緯線叫 Bit Line，在經緯十字交點，劃個小圈圈，代表 Memory Cell 的本體，也就是 Data 的儲存格。Word Line 上的信號控制儲存格的開關，而 Bit Line 正是 Data 進出儲存格的道路。至於 Memory Cell，老子稱之爲「妙」，因其微小巧妙之故。試想一下，要將十億個儲存格塞進手指甲大小的晶片，每一個儲存格單元之小，不可謂不奇；而在如此微小的物件上成就無比複雜的雕工，更不可謂不巧，所以老子選了一個「妙」字，來名 Memory Cell。半導體記憶體的發展，從卅年前的 Kilo bits (Kilo=1000)，到廿年前的 Mega bits (Mega=百萬)，以至廿一世紀開始以 Giga bits(Giga=十億)爲容量單位，相信不久的將來，就會進入 Tera bits(Tera=兆)時代。到底生於兩千五百年前的老子，能想像如今半導體高科技發展的神速嗎？他的思想及用語能跟得上時代嗎？這個答案是肯定的。老子用一個「眾」字涵蓋了古往今來的科技發展，因爲三個以上皆曰「眾」。所以「眾妙」就是指著 Memory Array，無論大小。至於「門」者何義？這更妙了。半導體的 Memory Cell 用電晶體作爲 Data 出入的開關，英文稱爲 Gate，翻譯成中文，不就是「門」嗎？比起今人翻譯爲「柵」，我覺得老子的用字更貼切而平易近人。合起來說，「玄之又玄，眾妙之門」名(means)「Word lines 和 Bit lines，在 Memory Array 中，就是各個 Memory Cell 資料出入的門戶。」老子這一句話，說得多麼傳神而精確，讓人不得不承認：老子不愧是 Memory Circuit Design 這一行的祖師爺。

　　幾年前跟一位研究腦神經的醫生朋友聊天，他問我一個問題：「到底大腦的記憶細胞位於何處？」我不假思索的立即回答：「就在 Axon 與 Dendrite 的交會處，也就是被稱爲 Synapse 的地方。」他很希奇我爲何如此肯定，我告訴他，因爲老子說：「玄之又玄，眾妙之門。」那 Memory Cell 就在兩弦交會處。原來每一個腦神經細胞只有一條信號輸出線，叫

57

Axon；卻有高達數千條的信號輸入線，叫 Dendrite。人類大腦的神經網絡就是由一個神經細胞的 Axon 搭接到其他細胞的 Dendrite 的方式聯結而成。所以 Synapse 就是 Memory Cell；Axon 就是 Word line；Dendrite 就是 Bit line。看到了嗎？老子豈只懂得半導體記憶體？腦神經科學也難不倒他！

「玄之又玄，眾妙之門。」爲《老子》第一章畫下句點，同時也點亮了老子心中的那一盞智慧明燈。讓我們來聽聽，老子如何用這把「二弦」彈奏一曲「自然之妙」。

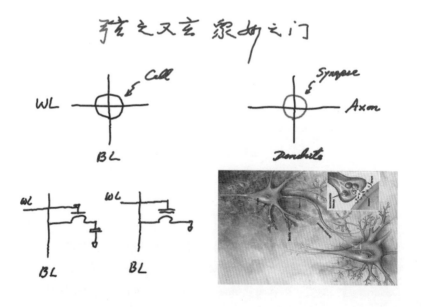

（丁達剛繪圖）

老子說《經濟學原理》

《老子》第二章：

天下皆知美之爲美，斯惡已。皆知善之爲善，斯不善已。

故有無相生，難易相成，長短相形，高下相傾，音聲相和，前後相隨。

是以聖人處無爲之事，行不言之教；萬物作焉而不辭，生而不有，爲而不恃，功成而弗居。夫唯弗居，是以不去。

《老子》第二章是一個十分老子的典型結構：先觀察現象，再點出背後原理，最後歸納出可應用於人生的智慧箴言。相對於現代一般工程問題的處理方法，老子省略了「實驗」的步驟，是不是我們就可斷言老子不合科學？其實老子是個偉大的科學家。只是，他不是普通等級的科學家，他是「愛因斯坦」一般等級的科學家。愛因斯坦發表「相對論」時，並無完整的實驗證據，卻在百年後的當今天下，無人質疑愛因斯坦是偉大眞理的發現者。老子所發現的眞理，更經歷了數千年在人類歷史中的實證，益發顯出它的光彩奪目。

「天下皆知美之爲美，斯惡已。皆知善之爲善，斯不善已。」究竟老子在觀察甚麼偉大的現象，經過他那超乎常人的敏銳洞察力，能歸納出如此雋永而普適的一句名言？我認爲老子在觀察「市場」。

市場是買賣雙方以錢易物的所在，而交易的「價格」正是買賣雙方所關注的焦點。價格影響了買賣雙方成交的意願，而買賣雙方成交的意願也決定了價格。對買方而言，價格低就是「美」，反之即爲「惡」；對賣方而言，價格高就是「善」，反之即爲「不善」。試想，某天某人發現某日用物品價廉而物美，心中大喜，連連稱「美」，便公告周知天下。待天下人蜂擁而至，爭相採購之際，發生貨品「供不應求」現象，其自然的結果，就是「價格飆漲」，眾買客心情丕變，異口同聲皆曰「惡」。翻過來從賣家角度想想，當市場價格上漲至有利可圖，便盃思增產，以謀大利。然而，當天下嗅覺靈敏的廠家都投資擴產，便發生「供過於求」現象，其

連帶的結果就是「價格狂跌」，讓眾賣方血本無歸，大呼「不善」。

　　簡單的說，老子正在觀察一個「經濟循環」的過程。他看到兩股交織的弦，活生生的上下波動，且相互牽連。他們的名字，一個叫「量」，一個叫「價」。量與價的互動關係，正如三角函數中「正弦」與「餘弦」的關係。從賣方角度觀之，正弦代表市場上供給量與需求量的差額，其正數表示「供過於求」，其負數表示「供不應求」。餘弦代表市場價格與製造成本的差額，其正數表示「有利可圖」，其負數表示「虧損連連」。從這量與價二弦的走勢圖，可歸納幾個互動模式：(一)當市場處於「供過於求」，其市價下滑。(二)當市場處於「供不應求」，其市價上升。(三)當市價處於「有利可圖」，則供應量上升。(四)當市價處於「虧損連連」，則供應量下滑。

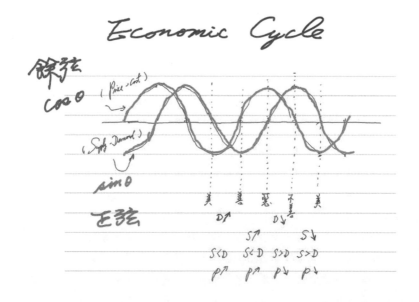

（丁達剛繪圖）

也許有人質疑：「老子真的了解現代經濟學理論？」那你可是小看老子了！「經濟學」只不過是老子「玄之又玄」理論的一個特殊應用，其系統名為「市場」，其一玄名為「量」，另一玄名為「價」。

在此第二章的「弦之又弦」，與先前第一章我們所談到的「弦之又弦」似乎長得很不一樣。第一章的兩根弦構成一個十字架，圍繞中心掛個小圓；而第二章的兩根弦長得像波，一個是正弦波，一個是餘弦波。然而從圓座標系統來看，餘弦與正弦不正是一個圓周在X軸與Y軸上的投影量嗎？所以，其圖像不也是一個大圓掛在十字架上嗎？如果我們依著在圓半徑上正弦平方與餘弦平方的交界點畫出圓內的一個S形，太極圖就這麼蹦出來了。原來太極圖是為表達一個循環系統中一對基礎變數的能量消長關係。$Cos^2\theta + Sin^2\theta = 1$ 說明了「價能」與「量能」構成了一個市場的總能量，正如「位能」與「動能」之間消長互生的關係，在物理學，我們稱之為「能量守恆」，老子稱之為「有無相生」。有意思的現象是：當量差極大，亦即供需極不平衡時，價差為零，市價反而穩定；當價差極大，亦即市價極高或極低時，量差為零，供需反而平衡了。這就是老子從市場的現象觀察所歸納出來的第一個原理：「有無相生」。

（丁達剛繪圖）

再來說「難易相成」。你知道什麼是交易嗎？讓我舉個例子：譬如我是農夫，我會種田，但是我不會做鞋子；而有人是鞋匠，他會做鞋子，但是他不一定會種田。所以對於一位農夫而言，做鞋子是一件很難的事情；但是對於一位鞋匠而言，耕田種稻子可能也是件很難的事情。因為每個人的專長不同。但如果農夫想要鞋子，而鞋匠想要吃米飯時該怎麼辦？很簡單，我拿一斗米跟你換一雙鞋，這樣，雙方就都有飯吃，且都有鞋穿了。何謂「交易」？就是各人把容「易」做的產品「交」到市場上，作為取得「難」做的用品的代價。這就是一個「難易相成」的例子。它所成就的大事，就是讓交易的雙方得到更大的滿足感。

在此我要提醒大家一件事情，老子說的話已經很少了，所以沒有一句是廢話，沒有一個字可以被省略；老子的用字遣詞非常之精準，「有無相生，難易相成，長短相形，高下相傾，音聲相和，前後相隨」當中的「相生」、「相成」、「相形」、「相傾」、「相和」、「相隨」的兩兩關係，也不可任意調換。這廿四字真言道出了一個系統的六種內在規律，也就是這個系統的「常道」。老子說過，「常道」是不可道的，但只道出個「名」，供大家意會意會。我在前面囉嗦的那一番「道理」，也不過是個名，看看能否幫助大家縮短一點兒領悟常道的途徑。

我看得出來，有人在心中盤算：「老子真的在說經濟學原理嗎？我不太相信！」看來，想要瞞過諸位科學家實事求是、追根究底的法眼，不是件容易的事。我老實說了吧，老子心眼裡所在意的，豈止「市場」而已，他觀察的是「宇宙」現象。老子是世上第一位近代物理學家。不可思議？且耐著性子，聽我再囉嗦一段。

老子說《相對論》

談近代物理學，可得從愛因斯坦的「相對論」說起。人類自一百多年前就已發現了一個奇妙的真理：原來，具有相對速度的兩個人，他們所經驗的時間與空間，並不相同！尤其當這個相對速度接近於光速時，其間的差異，就明顯可辨。從我的角度看他，我不動，他動，則我對一件事情的描述，其經歷的時間較長，其跨越的空間較短。換句話說，當他以近光

速行進，他經歷一日的同時，我已經過千歲；而明明在出發前長度一樣的筷子，我看他手中的那一隻竟然短到看不見。當然，他的手，以及他的全身，也都消失在光中了。只有等他回到了地球再相聚時，我白髮蒼蒼，而他依然青春年少，侃侃而談太空奇遇。請不要誤會，我講的不是科幻，而是物理。當然，根據相對論，要想達到光速的境界，你的體重必須是零。看樣子，任何有份量的「物質」，都進不了「永恆」，只有「零」質量的「靈」才有機會。難怪《聖經》記載：「上帝住在光中」、「上帝行走在光中」、「上帝是光」、以及「上帝是個靈」。毋庸置疑的，「相對論」的發現，提供了人類理解《聖經》眞理的一條路徑。

然而，「相對論」跟老子甚麼關係？這關係可大了！「長短相形」講的就是「相對論」。請問，「長」「短」兩個字，用在哪裏？答案是，用來形容「時間」與「空間」的長短。而「相對論」的精華，不就是討論「空間」與「時間」的收縮與拉長嗎？我覺得，作爲「相對論」的名字，「長短相形」比「相對論」更貼切、更盡意的傳達了這個物理「常道」的精神。所以，老子是提出「相對論」的第一人，我稱他爲「世上第一位近代物理學家」，並不爲過。

「太扯了吧！老子連『古典力學』都沒修過，就直達「愛因斯坦」，怎麼可能？」看，你心裏又在嘀咕了！好，我們來看看老子懂不懂「牛頓力學」。

老子說《古典力學》

「力場」在空間裏，是有方向性的。物體在力場中，逆勢而「上」，則處高「位能」，順勢而「下」，則處低「位能」。其受力大小，即爲「位能」在空間中之「傾斜率」。不但如此，在運動中的物體還具備「動能」，其特徵爲「速度」。「速度」在變動中，也是有方向性的。順向加速，則增高「動能」，逆向減速，則降低「動能」。其速度大小，即爲「動能」隨著「動量」變化的「傾斜率」。以上就是「牛頓力學」的基本原理。

讓我們對「牛頓力學」作一些簡單的觀察：位能順力勢而下降，動

能順動向而增高。所以，位能「順而下」，是「高傾下」；而動能「順而高」，是「下傾高」。請問，這世界上還有哪四個字，比「高下相傾」更精準、更貼切地道出古典力學的精髓？所以，您說句公道話，老子到底懂不懂古典力學？

如果我再進一步說，老子連「量子力學」也懂，您相信嗎？不要懷疑！答案是肯定的。如何証明？就留給各位同學當作習題了。提示？那廿四個字，我不是已講了十六個了嗎！剩下的八個字，就留給大家琢磨琢磨，等下回你們請我來講「老子說量子」時，再來對答案。

有人質疑：「老子又不懂數學，怎麼能懂物理？」嗨！小信的人哪，要我怎麼說呢？老子不但懂數學，「微積分」還是他最拿手的科目！

老子說《微積分原理》

《老子》第六十三章：

> 爲無爲，事無事，味無味，大小多少，抱怨以德。圖難於其易，爲大於其細；天下難事必作於易，天下大事必作於細。是以聖人終不爲大，故能成其大。

一般人誤解老子的「無爲」爲消極、逃避、無所作爲。其實，「無爲」只是「爲無爲」的極致。甚麼是「爲無爲」？簡單說，就是做小事。小到極限，就「無」了。但，您可別誤解了，以爲老子不想「成事」。恰恰相反，「做小事」正是老子「成就大事」的手段。這也就是「微積分」的精神所在。「微」是手段，「積」是目的。微者，細也，易也；積者，大也，難也。「圖難於其易，爲大於其細。」正是微積分「成積於其微」的根本之道。微積分第一堂課就講「極限」，老子也講「極限」，「無爲」即「爲微」的極限。做極小的事，卻成就極大的事，這不正是我們高科技人的理想，與天天所努力的目標嗎？半導體電路技術的發展，由微米到奈米，年年微縮，如此才能做出更高容量的記憶體，與更高速運算功能的微處理器。這不就是「天下大事必作於細」的最佳寫照？我們科技人之所以能「爲小成大」，全憑靠對自然科學的了解。那，老子呢？他能不了

解自然科學嗎?

　　當然,老子是了解、並且懂得如何善用「自然科學」的。否則,他如何能「無為而治」?又如何能「功成事遂,百姓皆謂我自然」?我們也見證了,老子不只是了解自然科學的現象,他更掌握了藏在現象背後的基本原理。這令他不得不讚嘆造化之奇妙,從而產生對造物者的敬畏,導引他展開對「認識上帝」的追尋之旅。最後,讓我們來聽聽老子的「神學」。

老子說《神學》

　　《老子》第二十五章:

> 有物混成,先天地生。寂兮寥兮,獨立而不改,周行而不殆,可以為天下母。吾不知其名,字之曰道,‧‧‧。人法地,地法天,天法道,道法自然。

　　人是地球生態的一環,地球是天體宇宙的一環,而宇宙萬物皆是道所創生。所以老子所揭示的,是人屬地,地屬天,天屬道的宇宙層次。然而最後四個字「道法自然」,就沒有人知道如何解釋了。把「自然」當名詞解,一般義為「大自然」,與一切人為、人造物相對。然而,大自然充其量包含天地人,其層次在道之下,又如何承當得起道之所法?所以自古及今,人多以「自然而然」取代「自然」,成為道的形容詞。但是,在此,「法」又當何解?這個問題更大!

　　其實,「自然」當以名詞解。因為「人法地,地法天,天法道,道法自然。」中的人、地、天、道,毋庸置疑的,都是名詞。老子何苦要放個形容詞在對等的位置上?然而,自然若非大自然,那是甚麼呢?或者說,那會是誰呢?這個問題的答案,居然隱藏在基督教的《聖經》之中。

　　「太初有道,道與神同在,道就是神。這道太初與神同在。萬物是藉著他造的;凡被造的,沒有一樣不是藉著他造的。生命在他裡頭,這生命就是人的光。」

　　在《聖經》新約全書中的〈約翰福音〉第一章,對於「道」作為生

命的本源，以及其創生萬有之功的描述，其內容與《老子》第廿五章如出一轍，足見《老子》與《聖經》的親密程度。而《老子》所述「獨立而不改，周行而不殆」，更準確的勾勒出《聖經》中「上帝」的超越神性。然而，《聖經》中「上帝」與「道」(基督)之間的父子關係，《老子》是否也掌握了呢？答案是肯定的，玄機就在「道法自然」四個字。

在《聖經》舊約全書〈出埃及記〉第三章記載了一段上帝與「埃及王子」摩西的對話，在其間，上帝向人類啟示了祂的名字：

摩西對神說：「我到以色列人那裡，對他們說：『你們祖宗的神打發我到你們這裡來。』他們若問我說：『他叫什麼名字？』我要對他們說什麼呢？」 神對摩西說：「我是自有永有的」；又說：「你要對以色列人這樣說：『那自有的打發我到你們這裡來。』」

原來，上帝的名字「耶和華」是音譯，其意譯，在英文翻爲 "I AM"，在中文《聖經》中翻成「那自有的」。請問，如果由您將 "I AM" 翻譯成中文，你的選擇是甚麼？有人直譯爲「我是」，您覺得如何？我誠心的認爲，還是老子的「自然」最爲貼切而雅致。我者，自也；是者，然也。原來「自然」就是上帝的名字！所以，當老子說「道法自然」的同時，他正以那無可言喻的敬畏之心，領悟「上帝」與「基督」之間的神聖父子關係。這麼說來，老子豈不成了古代東方的先知？可不是嗎？豈不然哉？

(尊民校對，作者清校)

「人生是一趟旅行，目標最重要，就像書中的基督徒天路客，一心朝
向天城前進...」

《天路歷程》小語

演講當天（*12/10/2008*），魏外揚教授的「《天路歷程》文本與影片導讀」新文藝課，因有大一各理工科系同學聯合聽講，於是移師交大中正堂隆重舉行（時間仍為當學期的下午EF時段），當時有不錯的迴響。而已有三百多年歷史的西方重要宗教寓言經典小說—《天路歷程》，為著述甚豐的約翰‧班揚（**John Bunyan**）所寫，現今已譯成八十餘種語言，在世界各地廣為流傳。這本書究竟為何影響如此之鉅之廣？其魅力究竟何在？為何這書與但丁的《神曲》(*The Divine Comeby*)和奧古斯丁的《懺悔錄》(*The Confession of Augustine*)，並列為世界三大宗教題材的文學傑作？就讓學養甚豐、著作等身的魏教授為我們再來作一次紙上開講！(新文藝編輯團隊)

在倫敦市區的一個墓園中，有一座古老的墳墓，墓碑上只刻有一個人名和一本書的書名，以及這個人去世的日期。碑文就這麼簡單，卻也足夠了，因為在歷史上，很難再找到一個人，只受過那麼少的教育，只讀過那麼少的書籍，卻能寫出一本舉世聞名、歷久彌新的經典著作。這個人名叫約翰‧班揚（John Bunyan, 1628-1688），他留下的經典著作就是《天路歷程》(The Pilgrims Progress)。

約翰‧班揚的一生

我們先來認識班揚這個人和他所處的時代。班揚生於英國貝德福附近，是一名補鍋匠的兒子，家境貧寒，沒受過多少正式的教育。他年輕時言語粗鄙，出口成「髒」，鄰居對他都避之唯恐不及。但他內心其實非常脆弱，尤其怕死，怕到不敢站在鐘樓下，唯恐大鐘會掉下來把自己壓死。

班揚十六歲時失去母親，父親續絃，他與繼母間關係惡劣，令他心中更加愁苦，適逢英國爆發內戰，他就從軍參戰，希望藉此得到解脫。有一回長官指派他執行戰場勤務，有一友人自願代他前往，結果陣亡，這件事使他相信自己得以存活，必有某些使命要去完成，也領悟到基督代人受死贖罪的意義。戰後結婚，新娘的娘家也很貧窮，嫁妝只有兩本靈修書籍，一是《凡人通往天國之路》(The Plain Man's Pathway to Heaven)，一是《敬虔的實踐》(The Practice of Piety)，班揚讀得津津有味，種下他蒙恩悔改的種子。在《罪魁蒙恩錄》(Grace Abounding to the Chief of Sinners)一書中，班揚詳細講述自己如何悔改得救的歷程，期間頗多曲折。臨門一腳是有一天他外出工作，路過一個村莊，無意中聽到幾位村婦在分享信仰的經歷，她們充滿喜樂與盼望，令他非常羨慕，終於在牧師的帶領下，他也決志歸主，成為耶穌基督的門徒。

信主後班揚勤讀《聖經》，頗有心得，也開始在聚會中講道，由於他的講道帶有能力，許多人都愛聽，包括一些很有學問的人在內。例如，當時的著名學者約翰歐文(John Owen)，因極力推崇班揚而受到嘲諷，他卻回答說：「我寧願以我所學的一切，換得他那能感動人心的能力。」當時的英國國教控制教會、壟斷講台，像班揚這樣無照講道是非法的，雖

然國教當局一再警告他，他都不理，反而答覆説：既有講道的恩賜，就應該爲主發聲，到處宣講。爲此，班揚多次被捕，總共坐牢十二年，關在貝德福的監獄裡。國教當局曾對他表示，只要出獄後停止講道，立刻就釋放他，卻遭到他的斷然拒絕。我相信後人對於班揚的景仰，不但因爲他是寫出《天路歷程》的偉大作家，也因爲他是一位不畏強權、不肯妥協的信心英雄。十七世紀的英國監獄普遍都很不衛生，貝德福監獄的死亡率尤其可怕，班揚卻能安然度過刑期，而且在獄中寫出很多著作，其中最有名的當然就是《天路歷程》。

《天路歷程》精采的內容

接著我們來欣賞《天路歷程》這本書。這本書是以寓言的方式，講述一個基督徒從滅亡城走向天城的經歷，途中遇到各種阻力與助力，而所有的地名、人名都是擬人化的，例如頑固、善變、忠信、盼望、浮華鎮、懷疑堡壘、愉悦山、迷惑田等等，充滿趣味與創意。以浮華鎮的法庭爲例，法官的名字叫憎善，三個證人的名字叫忌妒、迷信和馬屁精，十二位陪審團成員分別叫盲目先生、無用先生、惡意先生、縱慾先生、放蕩先生、魯莽先生、高傲先生、敵意先生、謊言先生、殘忍先生、恨光明先生、不滿足先生，光看這些名字，讀者就可以預期審判的結果。果然，基督徒的同伴忠信在飽受鞭打凌辱後，被綁在火刑柱上燒死，基督徒則獲判緩刑，並得以脱逃，繼續他的天路之旅。

從結構上來看，這本書在情節安排上是很平衡的，讓讀者不會感受到太大的壓力。班揚筆下的天路，是一條苦樂交織、禍福輪替的道路，所以天路客有時會經過死蔭的幽谷，像沮喪沼、財利崗、懷疑堡壘、迷惑田等這些危險的地方；有時卻也會來到可安歇的水邊，像曉諭之家、美宮、愉悦山、夫愛鄉等這些美好的地方。如果這是一條步步驚魂、從頭到尾都充滿陷阱的道路，恐怕有些讀者會承受不了壓力而放棄閱讀。

班揚讀書不多，但熟讀《聖經》，所以他的《天路歷程》是建立在《聖經》的基礎上。估計他在書中直接或間接引用《聖經》多達三百次以上，因此讀者在閱讀本書的時候，無形中也就閱讀了《聖經》，我相信這

也是《天路歷程》特別受到教會推崇、信徒喜愛的原因之一。

此書對西方世界的影響

　　《天路歷程》對於西方社會的影響也是難以估算的。它成爲許多名人的最愛,例如十九世紀英國著名的牧師,被譽爲「講道王子」的司布眞,一生中就讀過上百遍,對他的講道大有助益。美國開國元勳,被稱爲「第一個眞正的美國人」的富蘭克林,他在自傳中也提及,因爲喜愛《天路歷程》,所以他購買的第一套書就是班揚的文集。許多後世作家,也紛紛從《天路歷程》擷取靈感,有人甚至直接從它擬定書名,例如十九世紀英國小說家薩克萊(William Thackeray)的《浮華世界》(Vanity Fair),很明顯的就是來自《天路歷程》中的地名。又如十九世紀美國女作家阿爾科特(Louisa Alcott)的《小婦人》(Little Women),不但在第一章裡回憶四姊妹小時候在家裡扮演《天路歷程》的情景,以後還將美宮、屈辱谷、浮華世界等地名都納入章節的名稱中,可見這位女作家是一位徹頭徹尾的班揚迷。

歷史上,此書銷量世界第二高

　　《天路歷程》於1678年一問世就大受歡迎,一年內重印了三次,在班揚去世前,也就是十年間,已經發行了十版,估計售出十萬冊,這還不包括無數的盜印版在內。以後,各種語文的翻譯版本陸續出現,它成爲眞正影響人類文明的經典著作,而且是出版史上,銷售數量僅次於《聖經》的一本奇書。

　　最早將《天路歷程》譯爲中文的,是來自英國的基督教宣教士賓惠廉(William Burns, 1815-1868),他從小就喜歡閱讀《天路歷程》,所以來華後,將自己深愛的這本書籍先後翻譯成廈門話和北京話的版本。我們現在還可以看見1857年、1869年、1871年等較早的中文版本,有趣的是這些版本的插圖都是道地中國式的,男人留辮子、穿長袍,最後在天城門口迎接基督徒的樂隊,吹的也不是西方的號角喇叭,而是中國的笙簫笛子。過去常有華人批評基督教是西方的宗教,我們卻看見這些西方宣教士這麼努力地將《天路歷程》中國化,遠超出我們的想像之外。

　　由於譯本多、版本多，因此有不少人以收集《天路歷程》的版本為樂，我也是其中之一。我至今所收集的，多為香港、台灣、大陸各地出版的中文版本，為數約有三、四十種。同時我也收集《天路歷程》的影音產品，只是為數還少，有待繼續努力。

總結：人生是旅行，目標最重要

　　最後再談兩點我讀《天路歷程》的感想。第一，人生是一趟旅行，目標最重要，就像書中的基督徒天路客，一心朝向天城前進，所以能通過各樣的考驗，戰勝一切的敵人，終於進入天城，得享永生。第二，既是旅行，同伴也很重要，就像書中主人翁，前一段有忠信同行，後一段有盼望作伴，彼此扶持，互相鼓勵，終於完成這趟前往天城的旅行。因此，選擇人生的同路人，無論是配偶或是朋友，都是非常重要的事情。

（妝莊校對，尊民清校）

參考資料：

1. John Bunyan著，林以恆譯，《天路歷程》，台北：主流，2007。

2. 橄欖翻譯小組譯，《本仁約翰的信仰生活》，台北：橄欖，2000。

2. Sam Wellman著，楊宜文譯，《本仁約翰傳》，美國榮主，2001。

3. Sam Wellman著，朱文麗譯，《班揚傳》，台北：華夏，2006。

4. Robert M. Rosio, *John Bunyan—God's Tinker*, 1999.

5. 影片〈約翰‧本揚〉，台北：傳神頻道網，2008。

《魔戒》：權力慾
(The Quest for Power)

康來昌（台北信友堂牧師，美國凡德堡大學神學博士）

「上帝很喜歡把金錢、把財富、把美麗、把知識給這世界上每一個人，但是那個承受的人他的心態不對的話，這個只會叫他墮落。」

《魔戒》小語

《魔戒》，是一部充滿矮人、精靈、騎士、巫師、半獸人、神仙等等的奇幻探險故事。作者托爾金（J.R.R Tolkien）原本打算將它與《精靈寶鑽》(The Silmarillion)（內容敘述〈魔戒前傳‧哈比人歷險記〉(The Hobbit)及《魔戒》之前的紀元所發生的事）集結成一冊出版，只因二戰後紙張短缺，礙於經濟問題，《精靈寶鑽》遭刪；原構想雖不得實現，而後《魔戒》小說分成三冊出版卻風靡全球，是上世紀以來最瑰麗壯闊的史詩作品！更躍登世界最著名奇幻小說的寶座。被翻譯為多種語言且重印了許多次，《魔戒》一時引發學者爭相研究，各方檢視。而如今康來昌先生就要以其中不可或缺的神學觀點，來告訴你《魔戒》的深刻意涵。（芷萱）

《魔戒》，這部由英國文學家托爾金所創作的史詩奇幻小說，在二十世紀裡銷售量僅次於《聖經》，可說是奇幻小說的始祖。由《魔戒》的書評（「這世界只有兩種人，一種是看過《魔戒》的，一種是即將要看《魔戒》的」）就可知道《魔戒》多麼受歡迎。《魔戒》豐富的人物及精心設計的背景，深深吸引讀者的心，也讓許多領域（如文學、語言學）的學者鑽研分析。

許多讀者只把《魔戒》視為奇幻小說來閱讀，但實際上《魔戒》卻採較隱晦的方式，把基督教觀念包含於故事中。你知道作者寫作的架構，是以舊約為藍本寫了《精靈寶鑽》，而以新約寫了《魔戒》嗎？你知道魔戒遠征隊出發（12/25）及魔戒被毀滅的日子（3/25）恰好是聖誕節及復活節嗎？你知道佛羅多持有的魔戒隱含試探的象徵嗎？你知道《魔戒》一書裡有如耶穌死而復活的意涵嗎？托爾金曾說，他想講的是一個故事，希望藉由這個故事把基督教信仰傳揚出來。

透過康來昌牧師的講解，可以讓我們更深入了解托爾金想傳達的基督教世界觀。現在且跟著康牧師的帶領，一同進入托爾金所建構的神學世界，領略《魔戒》中的善、惡及誘惑之大爭戰吧！（Jenny）

您可以從很多觀點來讀《魔戒》(The Lord of the Rings)這本書。我是基督徒，看待任何事物沒辦法不從《聖經》的觀點來看。而《魔戒》的作者是很虔誠的天主教作家，因此我以《聖經》的觀點來理解這部作品，應該是最恰當的。我希望我對這本書的理解與我的信仰一致。各位在讀小說、看電影的時候，不一定會注意到作者的信仰，而我總是認為，能夠認識上帝才是最重要的。

善與惡

《魔戒》的重要主題是「善惡的對立」，這是古典、前現代、現代、後現代主義的中外學者都想極力否認的觀點。我卻認為這不容否認。我遇過最強烈的相對主義者，他們認為世界上沒有善惡之分，一切價值都是相對的，必須取決於當時的環境、文化、歷史因素；對與錯，似乎只是喜不喜歡的問題而已。「對」是 "right" 或 "good"，兩者並不相同，我所要談的是 good——「良善」。與 good 相反的詞，我不說 bad（壞），而要談 evil——邪惡。這世界上有絕對的邪惡嗎？（我想我思考得比各位周全，先假定有。）又，我們如何定義「善」呢？「善」有什麼好定義的？這卻是亞里斯多德、《聖經》、康德等，都不斷在討論的問題。《聖經》裡有一個品學兼優、家財萬貫、而且年輕有為的官，在大庭廣眾之下跪在耶穌面前，問祂：「Good master（好老師），我該做什麼事才能承受永生？」耶穌就反問他一句很有名的話，康德也討論過，那就是：「你為什麼稱我是善的？」

沒有善的，這是我的前提。我認為世上的確有「良善」，有「邪惡」，但是「良善」（good）的前提必須是上帝（God），而且是《聖經》裡的那位上帝。我先肯定有一位《聖經》裡講的全能全善的上帝，祂的法則之中有祂一切良善。聽祂、信祂、遵循祂，就是良善，否則就是邪惡。這是一般人相當反感的觀點，是哲學家康德所謂的「奴隸的道德」。

啟蒙運動所開啟的「現代」是一個強調理性的時代。那個時代裡，「好」的事或「對」的事，就是經得起理性批判的事。人必須擺脫教會與信仰加諸的束縛，以理性來批判一切傳統的信仰、信念、價值觀。現代主

義的重點是：我們不能再倚靠「信心」、「信仰的權威」、或是「上帝的啟示」了。當時，人們用理性來反對傳統，如今，現代主義不但垮了——或者說好像垮了——，理性也被人推翻了，取而代之的是沒有權威、沒有標準的後現代主義。

但是，現代和後現代有一個共同點，令我覺得兩者本質上沒有什麼差別，那一致之處就是 human autonomy ——人心或理性的自主。字根 "auto-" 是自我的意思，"-nomy" 是管理的意思，合起來就是「自主」、「自立」，或者借用人文主義的詞語，就是「以人為本」。與此相對的概念則是「以神為本」。這些題目和《魔戒》大有相關，與我們的生活更是脫不了關係（今日我們自己選擇自己的對象、甚至可以選擇自己的性向）。從啟蒙運動直到後現代，不論思潮如何改變，不變的一點就是高舉人心或理性的自主。然而，我們也發現以人為本的矛盾之處，例如今日環保運動領導者正在強力抨擊以人為本的「種族中心主義」，認為人類如果繼續以自我為中心，就會邁向滅亡。這樣看來，當人拒絕信仰，追求理性，理性就失落了；當人拒絕上帝權威，追求以人為本，最後連生命也失去了。

從基督信仰的觀點來說，不論一個人是不是基督徒，「以自我為中心與否」都是一條決定生死的界線。我們決定一切對錯、是非、美醜、好壞，究竟是只依據自己的理性思維，還是信靠上帝？從康德到尼采，許多人都認為「信靠上帝」一事是無法接受的奴隸道德。其實，基督徒的道德觀並不是奴隸道德。基督徒一樣看重自我管理、獨立思辨，也看重自由，但這自由是在順服上帝的前提之下才成立的。《魔戒》裡的角色所承受的試探與我們在生活中所面對的試探，都是一樣的抉擇——順從自己，或順從上帝？一切良善皆來自上帝，邪惡則是從自我決定(self-determination)而出。自我決定不是壞事，然而自我決定若不是順從上帝，就會帶來種種麻煩。

試探

《聖經》裡的第一個試探發生在伊甸園。這個試探是所有人——包

括天使和《魔戒》裡的角色——都必定會遇到的試探。試探並不是情、色、利、慾的引誘那麼簡單而已，也不一定是負面的。試探的英文字是temptation，其他與此相關的英文字是 test 或 trial：試煉或者試驗。不論一個人是不是基督徒，終其一生都一定會面對同一個試驗，那就是：**順服上帝，還是順服自己？照上帝的意思去做，還是照自己的意思去做？**在伊甸園裡的試探之中，蛇對女人說的話，意思是：「我告訴你，你不要聽上帝的。你不但不用聽上帝的，你自己來作上帝吧！祂不要你吃那禁果，是因為祂嫉妒你。」希臘神話中普羅米修斯盜火的故事與此類似，撒旦在曠野裡給耶穌的試探，也是如出一轍。

今天的講題是「權力慾」，the Quest of Power。我請各位反思：你在追求什麼？你渴慕什麼？喜歡什麼？我們希望美麗、強壯、高大、英俊、聰明，並且用各種不同的方法來追求這些東西，這不一定是壞的。我不認為基督徒就不能吃威而剛，或是種種增強記憶力、強健體魄的食品。那麼，如果我們吃下讓我們永遠不死，而且讓我們和上帝一樣的東西，這是罪惡嗎？我也認為這不是罪惡。人想要善良、美麗、長生不老、像神一樣、……，都不是罪惡；不但不是罪惡，上帝還巴不得我們這樣！但是，前提是你必需順服上帝、信靠祂、以祂為主，才能追求這些。整個基督信仰的總結就是 "Let God be God; let human be human." 讓上帝作上帝，讓人作人。我們可以自由發展科技、尋找幸福，我們不僅可以想望美好的事，還可以放心去追求，但這所有大大小小的事，都必須在順服上帝的前提之下去做才行。

《魔戒》裡的「邪惡」

我無法從一開始就講論《魔戒》，因為我認為「戴上一個讓你有無窮能力的戒指」這件事本身並不是邪惡。《魔戒》這本書沒有提到神，更沒有提到那位至高無上、無限的上帝，托爾金也沒有表達「善是從上帝來的」這個前提。因此，他在作品中只能夠說，這裡有一個東西，很有力量，卻不可以使用，使用將會邪惡。其實，如果沒有一個至高的權柄——上帝禁止人使用魔戒，任何人使用它就都不是罪惡，但是《魔戒》沒有辦法表達出這一點。我們只能夠依據《魔戒》故事中的歷史背景，暫且接受

魔戒是一個叫人邪惡、不可以使用的東西。**一個很邪惡，能力又非常強大的東西，我們就從這裡開始講下去。**

我第一次讀完《魔戒》的時候，有一種很大的失落感。托爾金在書中宣稱魔戒的力量無比大，卻沒有多加描述它的力量究竟如何偉大。譬如說，是否一個擁有魔戒的人戴上它以後，一揮手就可以分開紅海？一揮手就能消滅千軍萬馬？一揮手，就令死人復活？這些敘述，我一點也沒有讀到。我沒有看到那個戒指被人戴上之後，除了使人隱形之外，還發揮了什麼奇異的功能，而隱形這個功能又一點都不稀奇。哪個美女、帥哥希望自己既是全世界最搶眼的人，又沒人能看見他呢？

但我繼續思考，托爾金的寫法可能真有其道理。邪惡(evil)在神學裡的定義就是「良善的缺乏」(privation of good)。這是基督信仰的重點：上帝所造的都是好的，而不好的就是那些空虛的、不存在的東西（這項神學我們不在此多談）。也許托爾金《魔戒》寫得極好的一處就是：這魔戒有很大的力量，但是沒有人說得出它究竟有什麼力量。它的力量可能足以奴役人、欺騙人、又叫千軍萬馬替擁有它的人效力，可是這些事都是壞的。

面對邪惡

於是，這裡有個魔戒，這戒指有極大的力量，擁有它的人可以掌握整個世界。這魔戒是如此邪惡，我們如何對付邪惡？

也許你很寬容大方，相信這世上根本沒有邪惡，相信一切只不過是相對的。我們每天都得面對大大小小的邪惡。譬如你上課的時候，聽到外頭施工的聲音非常吵，令你根本不能專心上課，這也算邪惡。譬如中學裡有不良少年，天天勒索、騷擾你，霸凌你，你會怎麼辦？這世界上有很多邪惡的政權，有黑道份子，該怎麼辦？以上是道德方面的邪惡。如果是物質上的邪惡，例如面對世上的疾病，例如可能致人於死地的 H1N1，我們該怎麼辦？

面對邪惡的第一個辦法，是否認有邪惡。我認為這個方法很不好，但卻非常普遍。後現代主義人士宣稱：認為某些事物是邪惡的，就意味著有

另一些事物是好的、善的，接著，這種價值會在無形之中控制人的想法，暗示人、甚至強迫人去遵循所謂「好的」、厭棄所謂「壞的」；這是一種對於自由意志的逼迫、剝削、傷害，我們不能夠再有這種想法了。這則宣稱本身就是矛盾的，你看得出來嗎？

第二個辦法，是承認有邪惡，但隱藏之。這和前一個辦法相去無幾，和伊甸園裡發生的事也差不多。當人犯罪，第一件事就是隱藏罪惡，不要人看見。就像寓言裡的那隻猴子，不看、不聽、不說，彷彿事情根本不存在。我自己就是這樣。我是個懦弱的人。中學的時候，我的學校裡也有壞學生，我的辦法向來就是姑息養奸，看到壞學生來，就繞過去不和他衝突。今天我也還是這樣。有人停車停在我家門口，擋住我的出路。我出來，一問：「是誰停在這裡？」一個滿臉橫肉的人說：「是我，怎麼樣。」我就馬上會說：「啊，請停請停。」我總是不想和人有衝突，這並不是愛好和平，而是我懦弱。很多時候我們都是用這個辦法。

魔戒出現以後，那群善類就共同商討：「我們該怎麼辦？」可不可以把魔戒藏起來，不讓人找到？不行，因爲魔王正在找這枚戒指，一找到，他就可以控制全世界，他總有辦法找到這枚戒指的。這不只是一個故事，我們在談論的是生活。如果我們把邪惡、錯誤、不應當有的行爲掩蓋起來，那只不過是任它肥大，未來更難處理而已。用隱藏的方式來處理邪惡，是另一種稱作「說謊」的邪惡。許多故事裡最兇惡的主角都藏身強大的堡壘中，英雄很難找到牠、殺死牠，但現在最邪惡的東西就在善類手中，善類必須把它消滅。整個故事最好的地方，我認爲就在這裡。丟掉魔戒真是太可惜了，這東西這麼好，換作是我，我絕對不會丟掉這只魔戒。在此，我必須重申：我們先假定（雖然在書裡面沒有這樣的假定，或者沒有給這假定厚實的基礎）這戒指**一定**是邪惡的，不可以擁有，一定要毀掉，就好像上帝如此命令一樣，一點都沒得商量。

《魔戒》之中的邪惡與試探

多年前在一次戰爭裡失落的魔戒，陰錯陽差地被一群善類擁有了。現在，他們有機會運用戒指的力量來對付魔王。這就好像是你與敵人作戰，

敵人的力量比你大五十倍，但你頑強抵抗；突然，你得到一項秘密武器，讓你可以產生五十一倍的能力。要不要擁有這項武器？這是《魔戒》裡最大的試探。

邪惡，不是只有吃喝嫖賭這麼低級而已，很多邪惡的意識型態都具有高貴的目標。善類之中，沒有人想要用魔戒來做吃喝嫖賭那些壞事，那用它來做好事可不可以呢？能不能利用這個戒指來壯大善類的陣營，以擊破那邪惡的一方？《魔戒》的讀者應該知道，善類之中有一位墮落了，他並不是想要利用戒指來讓自己偉大，他只是想打擊敵人。這倫理不容易講得明白。

《聖經》裡有一句話：「爲甚麼不說，我們可以作惡以成善呢？」[1] 基督徒可不可以說謊來安慰人、鼓勵人、幫助人？我可不可以殺死一個齷齪的人渣，例如，殺死一個貪婪的老太太，然後把她貪得的錢捐給孤兒院（如杜斯妥也夫斯基《罪與罰》(Crime and Punishment)的本事一般）？我們該不該使用戰爭、甚至是卑鄙的戰爭？潛水艇剛發明的時候，美國人曾經爲了該不該使用它而熱烈討論。有人說：我們不該使用，因爲這太卑鄙了，軍人打仗應該光明正大在平原上擺陣。我們可不可以做情報工作？二戰時期，有些人說：我們不該做情報工作，因爲這是下流的、錯誤的偷竊行爲。任何倫理的問題在人間，都很難立刻找到答案。現在，很多人都不覺得潛水艇或情報工作是錯的，我也不敢說它們一定不對，《聖經》裡也有情報工作，也有欺敵工作。但我要提出一個簡單的大方向：如果魔戒是必須要毀滅，不可以使用的，那就連使用一次都絕對不可以。任何一次的使用，甚至只是擁有而不使用，都會造成邪惡。

托爾金在此表達出一個基督信仰的核心思想：**人既不能說沒有罪惡，也無法沖淡罪惡。**（我知道耶穌曾說過一句表面上與這觀念相反的話：「不要與惡人作對。」[2] 那是另外一個意思。耶穌一生都在與惡作對。）

---

1 《聖經》羅馬書三章8節

2 《聖經》馬太福音五章38節。

善類想要毀滅邪惡，到底該如何做呢？只能把它丟進當年造出它的火山裡。這任務很艱鉅，卻也非常容易。

魔戒的主人到處尋找這只戒指，但他有一個致命的缺點，這缺點與基督徒的特質有關。真正屬於上帝的基督徒，願意喜悅地順服上帝、捨己、不求自己的益處，然而魔戒的主人無法想像這種事。他無法想像世界上居然有人會握有這個戒指卻不使用這個戒指，甚至還想要把它丟棄。其實，用與不用，擁抱邪惡或拒絕邪惡，真是極大的掙扎。有沒有什麼事能叫你作惡？名聲嗎？權力嗎？如果是情呢？電影、小說裡，若要買通一個花錢買不通的情報員，用的就是情或是色。也有可能情報員面對錢與情都不為所動，可是他的兒子落入敵人手中，如果不供出情報就要他兒子的命，這時他會不會變節？面對誘人的邪惡，我們會不會因為一些條件就變節了？整本《魔戒》是在說一個這樣的故事。變節隨時可能發生，我們在善惡對錯的價值中浮沉，一定會有很多掙扎。

可是有一點，我只能說非基督徒不能了解，那就是基督徒所信奉的，的的確確是奴隸的道德。基督徒要無限制地徹底信靠順服神。信靠順服在舊約之中最顯著的例子，就是上帝要求亞伯拉罕殺死親生兒子以撒獻祭，看他殺不殺。在新約，信靠順服最好的例子，就是耶穌基督的十字架。基督徒作決定，不能全靠人的感情與理智；抉擇的基礎只能是上帝，讓神作神，讓人作人。基督徒信耶穌，是最簡單的事，也是最困難的事。（如果你認為信耶穌只不過是多做善事、不吃喝嫖賭，那你想得太簡單了。）同樣地，《魔戒》的善類也一定要徹底服膺他們對抗邪惡的信念，將戒指消滅掉。這很簡單，卻也非常困難。

在整本《魔戒》小說之中，讀者會看到人性的剖析。什麼是對與錯、善與惡？什麼是標準？這都是基督信仰之中的重要課題。基督教一點不輕看理智、不輕看感情、不輕看性、不輕看美麗、不輕看肉體、不輕看富裕，這都是許多非基督徒以為我們輕看的。但我們不但不輕看，還非常重看，比世上任何一個意識型態——有神論也好，無神論也罷——都還要重看。因為我們的教義是任何宗教或無神論所沒有的：上帝所創造的，包括

性、包括食、包括知識與學問，在上帝的管理之中進行，都是好的。基督教談「邪惡」，並不是指世界上有兩種敵對的勢力。獨立的惡是不存在的，這世界上每一件事都在上帝的旨意中進行。邪惡是有的，我們也真不知道它是怎麼來的，但是邪惡服在上帝的權柄之下。而且，上帝要消滅邪惡，所用的方法絕不能是邪惡。上帝是用最大的善來消滅惡。（請各位想想，如何用最大的善以消滅惡？）

彌補與上帝的護理（providence）

魔戒的力量對故事裡的善類而言，是很大的試探。仙女遇過，甘道夫也遇過。愈是有能力、聰明、正義的人，愈容易面臨這種試探。《魔戒》之中沒有提到上帝的禁止，只有「切勿使用魔戒」的假定，那麼，《魔戒》裡的善類所面臨的就是更大的掙扎、痛苦，他們在其中也犯下許多錯誤。

在人間，彌補過錯似乎是一件不可能的事。覆水難收，錯誤一旦造成，你可以原諒、可以忘懷、可以改善，但那些錯誤與傷害，除非你擁有基督信仰，否則就無法彌補。托爾金讓我們知道，在這些錯誤裡面，彌補是可能的。故事裡精采的地方之一，就是善類經常犯下一些錯誤，但那些錯誤，在一個奇妙的過程——這很接近基督教神學所談的「上帝的護理(providence)」——之中，最後卻產生好的結果，善類終於完成使命。這是我認為最難以論述的部份。我認為一切非常接近《聖經》、基督教色彩濃厚的作品之中，都只能很有限地描述此事，但托爾金依然願意藉此鋪排來表達一則基督教的核心信仰。

誰有資格丟掉魔戒？

魔戒必須被丟到火山裡燒掉，而且，執行這個任務的人必須是全世界力量最小、最單純的人才可以。這麼重要的東西，為什麼不讓全世界最孔武有力的人來護送呢？第一，很有力量的人一定會招來魔王的注意，而魔王可以調動更強大的軍隊消滅他。第二，孔武有力、聰明能幹的人，非常容易在護送魔戒的過程中墮落。所以，佛羅多的力量必須很小，他必須頭腦簡單，才不會引起魔王注意，也不會受到魔戒權能的誘惑。這一點又與

基督信仰十分相像。

知識、能幹、權力、美貌，都是好東西——上帝造的，怎麼不是好東西呢？——，是很絢麗的，但是這些事物會使人墮落。不一定是道德上的墮落，也可能是生活方式的墮落。比如你是一個誠實、正直、不虛偽、不造假的員工，但是你為了工作好、為了公司好，非常苛求你的部屬，要求他們一天工作十八小時，這也是一種墮落，令工作失去意義，令人喪失尊嚴。

人需要以一種品格來承受世上種種美好的事物。那品格，用最通俗的話來說，就是謙卑。如果一個女人漂亮卻不謙卑，她會非常驕傲；如果知識份子聰明而不謙卑，也會落入驕傲裡。上帝很樂意把金錢、財富、美麗、知識給世上每一個人，但承受這些恩賜的人如果心態不對，這些賜予只會叫他墮落。事實上，佛羅多最後也墮落了，他實在沒有辦法抗拒那個試探。另一耐人尋味之處是，毀滅魔戒使命達成的時候，似乎是最邪惡的東西發揮了臨門一腳的作用。但這箇中之道實在太難說明，此處就不多談了。

The Quest for Power

今日的講題是「權力慾」，真正的權能來自於謙卑地順從全能的那一位上帝，也就是單單只為祂來運用你的愛與智慧，不為自己。我的意思並不是要各位作那些為國家、民族、社會、社團、父母等事物「犧牲小我、完成大我」的無名英雄。雖然我們經常聽基督徒說「捨己」，但這並不是壯烈犧牲自我以成全他人的意思。在信靠上帝的前提之下，沒有任何一位基督徒需要犧牲自己來成就上帝的工作。基督徒在世上不會有任何犧牲，因為上帝已為我們犧牲了一切；基督徒也不用自己去成就任何事，因為上帝已為我們成就了一切。

《魔戒》這本書雖然沒有辦法將這個道理表達得很清楚，但它也表達了一些，因為讀者很容易就發現，故事裡的善類並沒有犧牲什麼。他們為了愛與正義所做的犧牲，其實全都帶來更大的收穫。當基督徒去愛、去捨

83

己的時候，他們知道自己不是悲劇英雄，而是喜劇演員，演出上帝執導的一齣好戲。如果我們為了理想付出許多代價，內心卻沒有這樣的信仰，就很難抗拒權力與誘惑。

上帝的管家

整本《魔戒》與基督信仰都深具「管家」精神。「管家」一詞來自 'steward'，中文不容易翻譯。字典一般解釋成「總管」、「管理者」。（也許 'steward' 最好的翻譯是「執事」，意指在教會工作的人，但是一般人大多看不懂它的意思。）'Stewardship' 的意思則是「管理的技術」或「管理的品質」。

這個世界上所有的受造物都是管家，管家對於他經手的任何事物都沒有擁有權。《聖經》告訴我們，「萬有」都是我們的[3]，但神賜予聰明、智慧、美貌、名聲……，為的是要我們在這個墮落的世界，因為祂給我們的救贖與盼望，好好作一個管理者，所要管理的事物，也包括我們的身體、心智。我們怎樣管理時間、健康、智力、乃至於一生中一切事物，最後都必須向祂交帳。《聖經》的福音書裡記載了許多耶穌說過的比喻，其中有好多都和「管家職份」有關。例如有個貴族要到遠方去接受王位再回來，就把他的錢交給十個僕人，讓他們去做生意，等他回來以後再和這些僕人算帳。[4] 這「管家」與「交帳」的意含在《魔戒》的第三部——《王者再臨》（*The Return of King*）表現得非常明顯，連標題的用字都和《聖經》的文句相去無幾。

基督徒就是一群在等候君王歸來的人。我們的主耶穌基督不在這世界上，不在的時候，祂賜給基督徒與教會一些恩賜，要我們好好管理。可是，人的問題就是：不是我的，就不想好好做。但我們不能有這種私心。上帝對基督徒的要求是：你所有的沒有一樣是你的，但你仍要做我忠心良

---

3 參《聖經》羅馬書八章32節。

4 參《聖經》路加福音十九章12~27節。

善的好管家，凡事要做得有愛心、有智慧，最後好好向我交代。《魔戒》裡的善類都深深知道自己的身份是什麼。如果一位良善的戰士比別人更有能力作戰，他就更努力付出他的能力。如果他霸佔、緊抓著他的能力，就會很快墮落了。

《魔戒》裡面有很多動人的故事，我要引用其中一則作爲結尾。《魔戒》裡有個國家叫剛鐸，國王長久不在國內。剛鐸的國權是由一位管家代爲掌管的。托爾金對那位管家有很生動的描述。他描寫皇宮裡的一個大殿，那是國王華美的殿堂，又大又漂亮。兩旁排列著柱子，柱子與柱子之間是一幅幅歷代國王的像。走道的正中間有一個階梯，一層又一層地向高處延伸，最高的、君臨天下的地方，就是國王的寶座。那寶座是空的，沒有國王。但每個人都知道有一天國王會回來。那豪華寶座的階梯之下有個極其普通、沒有任何裝飾的椅子，上面坐著一個人，就是總管迪耐瑟二世(Denethor II)，這個角色最後自殺了。那一幕非常動人。

他做的每一件事都是國王才能做的事，他有權力管理國王所擁有的一切，可是他沒有國王的名份。迪瑟耐二世是很聰明的人，他很懂得管理，但他也有野心，只是從沒表達出來。你可以發現他經常在想：「爲什麼我不能做國王？誰曉得國王哪天會回來？已經過好幾代了呀。」他有兩個兒子，波羅莫(Boromir)及法拉墨(Faramir)。波羅莫和他很像，聰明、能幹、勇敢，但是很有野心。波羅莫加入護送魔戒的陣營，到了要把魔戒丟入火山時，是首先叛變的一位。他質疑：爲什麼我們不能用魔戒的力量來對抗黑暗之君呢？波羅莫臨死時才眞正接受好人陣營堅持毀掉魔戒的信念。迪耐瑟聽到最愛的兒子死去，就變得更難過、更絕望。雖然書裡沒有清楚的描述，但我想我可以大膽推測，他很遺憾他的兒子和他一樣不能作國王。於是他把另一個不討他喜歡，卻一再勝過試探的兒子法拉莫燒死，然後再自殺。迪耐瑟曾經和好人的領袖甘道夫起過爭執。他說：「這個國家就是歸我管，除非國王回來。」甘道夫卻告訴他：「總管啊！我提醒你一件事。國王不在的時候，總管的責任就是在代管全國的時候，讓全國人民引頸企盼國王的歸來。」迪耐瑟卻沒有做到這件事。

各位朋友，你在等候你的國王回來嗎？等候的時候，一直不做好總管的工作是不行的；忠心扮演總管角色，卻僭越了，那也是非常危險的。那樣，就淪為魔戒的奴隸了。

（妝莊校對，健祐清校）

The Love and Loathing of Self in *East of Eden*

董挽華 （國立交通大學通識教育中心退休副教授）

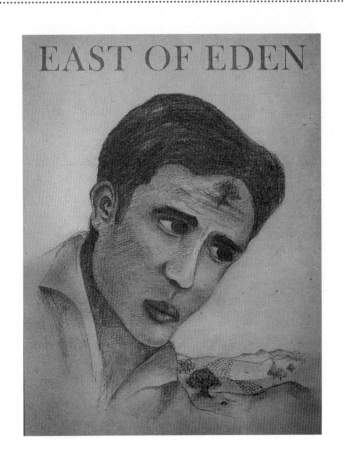

「《伊甸園東》中自恨的箝制與印記」

《伊甸園東》的同名經典電影的小語

　　1955年一部榮獲四項金像獎提名的電影：*East of Eden*（中文片名譯為〈天倫夢覺〉，是為意譯），至今生氣勃勃地活在全地影迷的心中。這部電影就是改編自史坦貝克（John Steinbeck）的同名小說裏，最為出色的段落。如今我們回顧這部56年前的電影，雖然已然相隔半世紀之遙，卻並不感到過時，想來其間主要緣於兩大原因——

　　1.就因為其內容出於深度剖析人性及其命運的經典名著：《伊甸園東》（*East of Eden*），此劇自屬優質之劇作。其訴求的正是歷久常新，直到今日還是相當耳熟的課題：父子衝突與諒解及接納，母子離散祈求相聚，兄弟骨肉糾結鬩牆……等等，其中活用〈創世記〉第4章典故，以人類最早之原型家庭—《聖經》中的第一個家庭為借鏡，好一個「天倫」總關係互動相牽，而最終高潮落在「大夢覺醒」上。因而這部〈天倫夢覺〉的天下戲迷普遍同意這是一部永不過時的經典影片。

　　2.這點是大家更為津津樂道的：原來本片由名重當世的大導演伊力卡山（Elia Kazan）慧眼獨具，大力拔擢了一位50年代最為絢爛奪目的傳奇偶像巨星：詹姆士迪恩（James Dean），他既具桀敖不馴之姿，卻又靦腆憂鬱，宛如一顆高懸半空的璀璨星斗，照耀整部電影，至今仍不歇其光芒。你可知道：詹姆士迪恩主演的電影不多，擔綱肩挑男主角大任的，不過三部而已；但只憑這三部影片：〈巨人〉（*The Giant* (1956)）、〈天倫夢覺〉（*East of Eden* (1955)）、〈養子不教誰之過〉（*Rebel Without A Cause* (1955)），就令他永垂不朽了！（新文藝編輯團隊）

Introduction

East of Eden was written by a prominent American author John Ernst Steinbeck, who was awarded the Nobel Prize in Literature in 1962. It is an epic novel that captures the essence of human nature through depicting the lives (both inner and outer) and interactions of three families, spanning over three generations and over half a century. The story not only discusses the universal struggle between good and evil but also the never-ending inner conflict in the human soul between the opposing forces of self-loathing and self-love.

According to Steinbeck's last wife Elaine, he considered *East of Eden* to be a requiem for himself—his greatest novel ever. Steinbeck himself stated about *East of Eden*, "It has everything in it I have been able to learn about my craft or profession in all these years."[1] He further claimed, "I think everything else I have written has been, in a sense, practice for this."[2]

Summary of *East of Eden*

East of Eden begins by telling about Samuel Hamilton and his family who are living in Salinas Valley. Samuel is a very creative person; however, he never made much money. He was known around his area to be wise and people came to him for advice. He had a wife and nine kids. Throughout the novel, he is associated with light, water, and fertility.

After the Hamilton family, Steinbeck switches to the Trask family living on a farm in Connecticut. The father of the family, Cyrus Trask, is an army veteran. His wife died after his first child, Adam, was born. Cyrus married again and had another son, Charles, one year after Adam's birth. During their boyhood,

1 See Pauline Pearson, '*East of Eden*,' June 5, 1990; revised June 1995. http://www.steinbeck.org/ EastEden.html

2 Ibid.

Cyrus rejected a birthday present from Charles but accepted the present given by Adam. This angered Charles, and he consequently beat Adam severely. Cyrus forced Adam to join the army. Ten years later, Adam returned to the farm to find his father had died and had left his sons a large inheritance.

At this point, Steinbeck moves to yet another family, the Ames, who live in the same town as the Trasks. The Ames has a beautiful daughter named Cathy. The narrator refers to her as a monster. Through her beauty, she learned to manipulate people. As a teenager, Cathy had made an elaborate plan to kill her parents and did so one day by locking them in the house while it was burning down. The townspeople believed Cathy to be dead also. After incinerating her parents, she became a prostitute. Her pimp, Edwards, fell in love with her, but then nearly beat her to death when he found out she had murdered her parents. She crawled to the Trask farm, where Charles and Adam took her in, although Charles was reluctant to do so. Adam fell in love with Cathy and married her. She later betrayed him by drugging his drink and sleeping with Charles.

In the year of 1900, Adam moved to Salinas Valley in California with his new wife, not knowing she was pregnant with Charles' child. He bought a farm and was full of plans to develop it into another Eden. He asked Samuel Hamilton to drill a well for him, and Samuel became acquainted with Adam's Chinese servant (actually, a housekeeper), Lee. He also had a premonition about Cathy's evil nature. Cathy, after having tried unsuccessfully to abort her baby, gave birth to twins, which were delivered by Samuel. Liza Hamilton, Samuel's wife, came to take care of them for a week, after which Cathy told Adam she was leaving him and the babies. When Adam argued with her, she shoot him in the shoulder.

Adam grew very depressed after Cathy left him. He neglected his children who were cared for by Lee. Samuel found out that the children were one year old and still not named so he went to visit Adam to talk some sense into him. At

Adam's house, Samuel, Lee, and Adam began talking about names and people in the *Bible*. They started talking about the story of Cain and Abel (*Genesis* 4:1-16); especially delving into the powerful Hebrew word "timshel" (i.e., 'thou mayest,' see *Genesis* 4:7). Adam named his children Caleb and Aaron. Caleb (who is known as Cal) and Aaron (who changed his name to Aron) grew up believing that their mother was dead, for that was what Adam told them. After leaving, Cathy went to a whore house, where she changed her name to Kate. She killed her new boss, the owner of the whore house, Fay, by giving her a cup of poisoned tea. Fay thought she died through food poisoning and willed everything to Kate, making Kate the sole owner of the brothel.

Adam and his family (including Lee) moved to an apartment in the city. Aron had fallen in love with a girl named Abra and became very involved with the local church. Cal found out that his mother was alive and the owner of the brothel in town. He visited her to see if it was true. However, he did not tell Aron anything about what he knew. Adam bought an ice company and lost much of his money in a business venture shipping cabbage from California to New York. Meanwhile, Aron skipped a grade of high school and went to Stanford University one year early. Adam was so proud of him that he bought him a pocket watch. Cal felt sorry for his father and his failed venture and decided to make it up to him by making money in the bean industry and giving the profits to his father. One Thanksgiving, when Aron was visiting from Stanford, Cal presented his gift of $15,000 to his father. Adam grew upset and rejected the money, saying that the pride that Aron gave him was better than Cal's money. Cal wept and took the money to his room, where he burned it. Cal was bitter at Aron and decided to get revenge on him by taking Aron to see their mother.

Seeing his mother working as a prostitute shocked Aron so much, he got himself enlisted in the army, telling his family in a letter about his decision later. Aron died in the military and Cal felt that he was guilty of murdering him indirectly. Adam was so distraught by Aron's death that he went into shock and died. But just before he died, Cal asked for his forgiveness. Through Lee's sincere push and active advice, eventually Adam muttered "Timshel!"

Self-loathing in East of Eden

East of Eden retells the biblical story of Cain and Abel, replete with love and hatred, kindness and jealousy, but set in Salinas Valley of northern California. This well-known biblical story serves as the archetype of the Trask family. As many scholars have observed, *East of Eden* is Steinbeck's personal exegesis and rebirth of the story.

According to the novel, self-loathing originates from the misuse of free will and is an awful power derived from the hatred of love and light. Cathy Ames is the most dramatic representation of self-loathing and is reputed to be the vilest woman in this fiction. In her dark role, she is referred to as "the Devil" by some characters (such as Charles) in this novel. She killed at least four people (including her own parents) and later committed suicide by ingesting poison.

There are some short, but unforgettable scenes that portray "dark and angry" images of Cathy:

Her head threshed from side to side."Good, good, my darling," he said. "I think it won't be long till your baby's here." He put his hand on her forehead where her scar showed dark and angry. "How did you get the hurt on your head?" he asked.

Her head jerked up and her sharp teeth fastened on his hand across the back and up into the palm near the little finger. He cried out in pain and tried to pull his hand away, but her jaw was set and her head twisted and turned, mangling his hand the way a terrier worries a sack. A shrill snarling came from her set teeth. He slapped her on the cheek and it had no effect.

Automatically he did what he would have done to stop a dog fight. His left hand went to her throat and he cut off her wind. She struggled and tore at his hand before her jaws unclenched and he pulled his hand free. The flesh was torn and bleeding. He stepped back from the bed and looked at the damage her teeth had done. He looked at her with fear. And when he looked, her face was calm again and young and innocent.

"I'm sorry," she said quickly. "Oh, I'm sorry."

Samuel shuddered.

...

Samuel laughed shortly. "I'll have to muzzle you, I guess," he said. "A collie bitch did the same to me once." He saw the hatred look out of her eyes for a second and then retreat.

....

Cathy's voice came strong and edged from the bed. "Shut the door. I do not want the light. Adam, go out! I want to be in the dark—alone."[3]

Many readers have been captivated with Cathy's character. She is a beautiful "animal," who carries with her a deep sense of darkness and loneliness. These two characteristics reflect against the brightness and loving kindness others show her.

In the book, there are other characters, to a qreater or lesser degree, Who are also trapped in self-leathing. Charles Trask is one such character. He is jealous of his father's obvious preference for his elder brother, Adam. In the subsequent generation, Caleb Trask is also jealous of his elder brother, Aron, for a similar reason. Steinbeck's allusion to Cain and Abel is furthered by the naming of the Trask family: The first letter of the names of the brothers match

3 *East of Eden*, Chapter 17, pp.190-195.

93

throughout the generations (i.e., Cain and Abel, Charles and Adam, Cal and Aron).[4]

The list of the characters trapped in self-loathing could go on. Cyrus Trask is one of the characters trapped in self-loathing. The fact that his name starts with C persuades the reader to view him in this light, along with Cathy Ames. In fact, it seems that there is a C-type category of characters, who all has a kind of self-hatred personality.

Here I quote some passages to show how the generations of the Trasks helplessly reenact the fall of Adam and Eve and the frightening rivalry of Cain and Abel:

Adam felt the punches on temples, cheeks, eyes....The punching continued eternally....And as he saw these things—a flash of light and darkness. Charles stood over him....

Consciousness came back quick and frightening to Adam. His mind rolled in a painful mist....He heard quick footsteps on the road. The instinctive fear and fierceness of a rat came over him. He pushed himself up on his knees and dragged himself off the road to the ditch that kept it drained. There was a foot of water in the ditch, and the tall grass grew up from its sides. Adam crawled quietly into the water, being very careful to make no splash.

The footsteps came close, slowed, moved on a little, came back. From his hiding place Adam could see only a darkness in the dark. And then a sulphur match was struck and burned a tiny blue until the wood caught, lighting his brother's face grotesquely from below. Charles raised the

---

4 For further biblical parallels and contrasts in *East of Eden*, see <u>Wan-hua Tung</u>董挽華: <u>Returning Back to *East of Eden* (-by John Ernst Steinbeck) (ppt.)</u>, p.15-2.

match and peered around, and Adam could see the hatchet in his right
hand.

When the match went out the night was blacker than before. Charles
moved slowly on and struck another match, and on and struck another. He
searched the road for signs. At last he gave it up. His right hand rose and
he threw the hatchet far off into the field. He walked rapidly away....

For a long time Adam lay in the cool water. He wondered how his brother
felt....

Adam crept out of the water and stood up. His hurts were stiffening and
the blood was dried in a crust on his face.[5]

Simply because of jealousy (Cyrus didn't like the present Charles bought
for him on his birthday, but preferred Adam's present.), Charles beat Adam
nearly to death and left him on the dark road bleeding. What's worse, he went
back home to get a hatchet, desiring earnestly to kill Adam. Worse still, one or
two years later, Charles wrote in a letter to Adam, "If he'd (their father) liked
it (Charles' present) I wouldn't have taken out after you. I had to take out after
you."[6] Clearly, Charles was in deep darkness, but was not aware of it.

Self-love in East of Eden

Samuel Hamilton is a positive figure in the novel, the polar opposite to
Cathy Ames. He is a kind of active patriarch, giving Adam with support and
guidance, unlike Adam's own father, Cyrus, who lied about his military record
to amass a fortune. Samuel, an Irish immigrant, views books as treasures and
fathered nine children. In contrast to Cathy, Samuel is always a character of

....

5 *East of Eden*, Chapter 3, pp.30-31.

6 Ibid., Chapter 4, p.36.

blessing, light, and peacefulness.

Both the innate goodness of Samuel Hamilton and the inherent evil of Cathy Ames deeply influenced Adam Trask. Throughout the novel he wavered between the two poles. Adam loved his wife Cathy even when he was confronted with her evil nature, but also deeply admired his teacher and mentor, Samuel.

As for the theme of self-love, the author points out through a discussion on a biblical passage by the three main upright characters, Samuel Hamilton, Adam Trask, and Lee, that man can (i.e. the Hebrew word timshel, which literally means 'thou mayest') overcome sin through his belief in God (*Genesis* 4:7). That is to say, God has given mankind the power to choose good over evil and love over hatred. In addition, man needs to take responsibility for whatever he chooses.

This marvelous word, timshel, is revealed from an exegetical perspective: (1) The concept of timshel is a major thematic concern in the entire novel, conveying a faith that man can refuse evil and return to goodness when relying on the Lord. (2) This word is from *Genesis* 4:7—"If you do well, will not your countenance be lifted up? And if you do not do well, sin is crouching at the door; and its desire is for you, but you must (timshel) master it." (3) The discussion of this biblical word is in Chapter 24. The verb "shalt" in "and thou shalt rule over him (sin)" is difficult to interpret. In order to ascertain the exact meaning of this verb, Steinbeck checked two English versions—"you shall" (KJV) and "you should" (ASB), as well as the original meaning of the Hebrew—"you may." He concluded that the original verb, timshel, best represented the meaning behind the verse. Lee, as a representative of Chinese wisdom (or Orientals as a whole), claims Steinbeck's exciting and fantastic viewpoint, "And this was the gold from our mining: 'Thou mayest.' 'Thou mayest rule over sin.' " "But the Hebrew word, the word timshel –'Thou mayest' –that gives a choice. It might be the most important word in the world. That says the way is open." "Now, there are many millions more who feel predestination in 'Thou shalt.' But 'Thou mayest'! Why, that, makes a man great, that gives him stature with the gods."[7] The idea of timshel is particularly pertinent at the end of the novel, during Adam's death scene in Chapter 55:

> Lee's breath whistled in his throat. "Adam, give him your blessing. Don't leave him alone with his guilt. Adam, can you hear me? Give him your blessing!"
>
> A terrible brightness shone in Adam's eyes and he closed them and…Lee said, "Help him, Adam—help him. Give him his chance. Let him be free. That's all a man has over the beasts. Free him! Bless him!"
>
> The whole bed seemed to shake under the concentration. Adam's breath came quick with his effort and then, slowly, his right hand lifted—lifted an inch and then fell back.
>
> Lee's face was haggard. He moved to the head of the bed…. Lee whispered, "Thank you, Adam —thank you…Can you move your lips? Make your lips form his name."
>
> Adam looked up with sick weariness. His lips parted and failed and tried again. Then his lungs filled. He expelled the air and his lips combed the rushing sigh. His whispered word seemed to hang in the air:
>
> "Timshel!"
>
> His eyes closed and he slept.[8]

Consequently, the most important word in the world, timshel, becomes the

7 Ibid., Chapter 24, pp. 299-301.

8 Ibid., Chapter 55, pp. 600-601.

ending note of Steinbeck's entire novel.

As it turns out, each major turn in the novel is a practical application of the use of timshel, this principle of agency. To cite a few examples, Samuel awakens Adam to the fact that Cathy is still alive; Adam indignantly faces Cathy and rejects her, finding life and release in death; Caleb tells Cathy, upon finding out that she is his mother, that he is his own man, and not the part of her that is within him; also at the end of the story, when Adam offered his blessing to his deeply agitated son Caleb before he dies, it was a blessing of timshel, an amazing boon given from God to man, and here from father to son.

Even Cathy, the representative of self-loathing and evil, miraculously decided to go to church to sing and worship for five consecutive weeks before leaving mortality. This suggests that the author believes self-love will eventually outstrip over self-loathing. Furthermore, before her suicide she left her fortune to her eldest son, Aron, who had treated her with the most indifference. This is a dignified and self-respecting act that stems from her mother's love, and effectively annuls the shame and disgrace of her sin.

So, if Caleb represents the victory of the "ability" (or timshel) to overcome sin and also the triumph of self-love, then Cathy represents the "inability" (the antithesis of timshel) to overcome sin and the failure of self-loathing. However, Cathy does take considerable steps toward self-love in the end. This can be viewed as an implicit indication by the author that God, who abhors evil and sin, works in his own ways to stem the tide of evil and set things aright.

The story is primarily set in Salinas Valley, California. However, this Eden-like paradise is replete with sorrow born of masochism and an eschewing of good; as a result, the characters all drift to the land "East of Eden" (*Genesis* 4:16), the land of paradise lost. Inspired by God's promise, Caleb, the youngest and the last one left in the novel, chooses his own moral path. At the end of the novel, Caleb's father encourages him to claim the divine promise, to which he responds with an intense desire to proactively utilize this gift. At this point, timshel, this sublime word that seemed to be stuck in Adam's throat during the blessing, is instantly transformed into the lingering sound of a Doxology.[9]

In John Steinbeck's journal, he called *East of Eden* "the first book." As for its theme, he is recorded as saying, "All novels, all poetry, are built on the never-ending contest in ourselves of good and evil." [10] By painting a contrasting picture of love and loathing of self in *East of Eden*, this endless war is clearly taking place in the lives of most of the characters. It is a reflection of the same process that we experience. No wonder he declared, "A great and lasting story is about everyone, or it will not last."[11]

(Trever B Mckay 校正，作者清校)

---

9 "Doxology" is the name of Samuel's self-contented horse (Ch. 24). Despite being without a single redeeming feature, the horse was given this glorious name by its master. This nag signifies that the various disadvantaged characters in this novel still can choose their own moral destinies through praising God. *Doxology* is also a sung expression of praise to the Holy Trinity: the Father, the Son and the Holy Spirit. That is why I used the word (with its dual meanings) to mark the ending here.

10 See Pauline Pearson, '*East of Eden*'

11 This is from a quotation by Lee in Chapter 22. In this passage, the author seems to state his goal: As a part of 'mankind's story,' it reminds us all that 'we are Cain's children' as well. Thus Steinbeck's modern retelling of *Genesis* in *East of Eden* aims to be a story for all time.

《伊甸園東》裏的自恨與自愛 （中文提要）

《伊甸園東》(*East of Eden*)是美國知名作家約翰・史坦貝克 (John Ernst Steinbeck)，1962年諾貝爾文學獎得主的傑作。這是一部極具深度捕捉人性的史詩小說，藉著兩個家族，跨越超過半世紀之久的三代族人成員間生活與生命互動的故事。這故事不但揭示了宇宙中的善惡爭戰，更摹畫人類內在心靈天地中，「自恨」與「自愛」的長久內戰。

在此書中，「自恨」緣起誤用自由意志，是忌恨愛與光明的可怕力氣。最具戲劇性的「自恨」典型代表人物，就是：凱塞(Cathy Ames)，號稱是：「小說世界中最邪惡的女人」，也是遭此書中的人物直接喚作「魔鬼」的黑暗角色。她害死了至少4個人（甚至包含她自己的父母），最後又害死自己：服毒自殺。

而書中其他互相呼應的角色，或多或少也都受到「自恨」的箝制，如：查理(Charles Trask) 深自忌恨哥哥亞當(Adam Trask)比自己得到更多的父愛；而晚一輩的迦勒（Caleb Trask 簡稱 Cal Trask，Cal或譯為：卡兒）竟因著全然相似的理由而嫉妒哥哥亞倫（Aaron Trask），不一而足。

至於「自愛」的主題，作者藉著書中三位正派核心三角人物：山姆(Samuel Hamilton)、亞當、阿李鄭重解讀《聖經》之餘，點出─仰賴神，人「可以」（即希伯來文：'timshel' 這個字）勝過罪（〈創世紀〉4：7），就可以作出棄恨就愛的勝利選擇了。

果然，書中幾個大關目，竟都是 'timshel' 選擇權正常化的活生生實踐！譬如：

山姆喝醒亞當；凱塞依然活著；亞當發憤面晤凱塞並慨然拒絕她，遂終於死裏得生；迦勒尋獲生母凱塞並向她直言不諱：不作自己裏面有的「凱塞」，而要作「自己」；乃至故事尾聲之處，忽忽如狂的迦勒不料獲得父親亞當的臨終祝福，赫然仍是：

'Timshel!' 這天人之際的大福祇！

100

就連上述那自恨自賤的代表人物：凱塞，當她的生命末日來到前，出人意外地神跡降臨：竟有連續五周，她走進教會而唱詩崇拜的奇事發生。這正暗示：作者相信「自恨」終遭破解！而「自愛」則戰無不克，攻無不取！更何況，末了凱塞雖自戕，但還會預先留下遺產給最不搭理她的長子亞倫；這可謂為人母的母愛之自重自尊，斥退了那罪苦魔性中的自辱自羞！

那麼，如果說：迦勒是「可以」（may，即 timshel 的本意）勝過罪並自愛的得勝者代表；而凱塞竟是「不行」（may not，即 timshel 的反意）勝過罪並自恨的失敗者代表；而最後，凱塞終向自愛的大方位挪移靠近......，其間的間距大有縮減之勢。想來這是作者含蓄表示：這一切緣於忌邪恨惡的上主自然日日撥亂反正，自行作工不已之故呢。

以加州撒玲娜谷（Salinas Valley）為背景，作者創造出宛如伊甸園再現的人間樂土，卻因著自毀忌善的鬼魅諸氣而樂土生悲，以致角色都漂泊流蕩在「伊甸園東」（〈創世記〉4：16）那般失樂園的境地中了。而最終偉大的道德抉擇字眼跳躍，實發軔於上主的應許中，深深激勵著書中最小，也是最後碩果僅存的次子：迦勒；於是，全書結束於一種老父以深愛期勉獨活的幼子支取大應許，而迦勒又自我祈求自新向上，使出好恩賜的力道，似乎那亞當喉間好不容易吞吐出來的奇偉字眼：Timshel！倏忽轉化成為：「三一頌」[1]，繞樑三日，不絕於耳！

（妝莊校對，作者清校）

---

1 「三一頌」(Ch.24) 是此書中一匹自得其樂的劣馬，雖然全身一無是處，馬主人山姆卻給牠一個光榮超越的名字：「三一頌」。這匹劣馬可說是全書泰半身處劣勢的各個稟賦亦弱的諸角色，仍能靠著讚美上主，支取主恩而自喜自勉形像的動人象徵。這兒我以「三一頌」作結，既指其在書中的上述象徵意義，又兼指這〈三一頌〉原典的字面意義：本是信徒齊心歌頌三一真神的一首聖詩。

《伊甸園東》裏兄弟間的大戰爭

董挽華（國立交通大學通識教育中心退休副教授）

'Cain and Abel'—Titian (1499/90-1576)

「該隱與亞伯」—提香(1499/90-1576)

　　《伊甸園東》（以下簡稱《伊》書或《伊》小說）是美國重量級的小說家，也是諾貝爾文學獎得主，約翰・史坦貝克(John Steinbeck)在 1952 年出版的鉅作。這《伊》書的主題即是探討人類的兄弟相爭與內心的善惡交戰，以及其間來自上帝的應許與幫助。

　　「兄弟相爭」是一個人類很古老的課題了。所以說這課題古老，是因它老到足以上溯至遠古人類始祖：亞當、夏娃忤逆上帝後的事跡—原來它驗證了亞當、夏娃的確罹陷了原罪。是這樣的，亞當、夏娃的兩個兒子：大兒子該隱(Cain)和二兒子亞伯(Abel)，因兄弟相爭，不幸釀成手足相殺，流血五步：該隱力大，殺死了較弱的亞伯！這是人類有了原罪後的首宗謀殺案，而且發生在家庭之中。也就是說，這是亞當、夏娃下一代的兩兄弟果然結出具體的惡行與惡果來，真足以印證亞當、夏娃干犯了原罪的頭件敗壞罪行，當真罪證確鑿。而當時全世界的人口，一時因這樣巨變，就從原先四口，減為三口，整整少了1/4，「這是真正最早的人類第一次世界大戰了!」（這兒套用了唐崇榮牧師的話）。如此「大戰」正見載於《聖經》〈創世記〉第4章。

　　我近期因細讀史坦貝克的《伊》小說，發現《伊》書的主題情節原來活脫就是〈創世記〉第 4 章（1-16 節）的現代版。而且，作為一名近代重要的小說家，史坦貝克筆下的「兄弟相爭」不但寫來絲絲入扣，活靈活現，更叫你進一步膽戰心驚，屏息以待!

　　以下，我分從四方面來略析《伊》書中開卷不多久的兩兄弟的戰爭，即亞當・特拉斯克（Adam Trask）與他的弟弟查理・特拉斯克（Charles Trask）這一對難兄難弟的相爭—

1. 這是《伊》書中第一代的兄弟相爭

　　我這篇文字先從該書的第一代兄弟大戰說起。以後我再寫一篇有關《伊》書的文字，就將繼續寫到《伊》書中第二代的兄弟鬩牆，當然會提起五十年代的魅力巨星詹姆斯狄恩(James Dean)，正因扮演第二代的弟弟而舉世揚名；也會更為仔細地全面介紹《伊》書了。

《伊》書主要書寫從美國南北戰爭到一戰時期，在美西的撒冷娜(Salinas)谷有兩個家族,其成員之生活與生命的互動故事。這兩家是分別從山姆‧漢彌頓(Samuel Hamilton)和亞當‧特拉斯克(Adam Trask)講起的,這山姆和亞當兩位男士正可代表這兩大家族。而亞當和他的同父異母弟弟：查理‧特拉斯克之間的劇烈衝突,就是本文的主題了。

2. 亞當與查理之爭誠然是亞伯與該隱故事的翻版

亞當、查理之爭為何反映亞伯、該隱之爭,這可以分幾點來觀察：

a.《伊》小說原本就是史坦貝克為〈創世記〉第 4 章所作的釋經小說。我們如果參考《伊》書第22章第4節,就知道史氏將〈創世記〉第4章1-16節（即亞伯與該隱故事的始末）清清楚楚全文引錄,而藉三位本書重要的正派人物,又作出了戲劇性的解經對話,而這整本小說,就是以第22章為主題,作樞紐,發揮了承其先與啟其後的重大責任。

原來這22章,說的是亞當名下,有著同母異父的兩個雙胞胎兒子,當時都一歲多了,只因亞當當時心靈昏沉,竟然還沒有給他們起名字。於是這章中,山姆、亞當與阿李（亞當的好管家,中國人,也是一位類似這對雙胞胎的教父角色）就從「亞當」是人類的始祖開始,三嘴四舌地說書（也說出本書是寫一個「人人都熟悉」的人類的故事,寫出作者故意以「亞當」為主角人物的特點）,一方面為亞伯和該隱的事件作了生動解經,一方面則一一挑選《聖經》人物的名字,仔細討論,要為雙胞胎取名字。從下面的引文,不難略窺其中端倪——

「我們最好開始命名了」山姆……

……

…… 他（山姆）停頓了：「你有沒有想到你自己的名字？」

「我的?」（案:亞當回答）

「當然。你的頭胎——該隱和亞伯。」

105

亞當說，「……不。不，……」

……

（案：接著，他們兩位，加上阿李，就朗讀起〈創世記〉4:1-16，並一同討論這共是16節的故事）

……

……山姆說：「不過該隱活下去，有了兒女，而亞伯祇在這個故事裏活過。我們是該隱的兒女。

……古不古怪！三個大人，在幾千年後，在這裏討論這個罪案，就好像昨天在金城發生……。」

雙胞胎之一醒了，打個哈欠，看阿李一眼又睡著了。

阿李說：「……──一個偉大而不朽的故事是論到每個人的，否則它就不能不朽。……唯有很切身的熟悉的故事才有趣味。」

山姆說：「把那個應用到該隱和亞伯的故事上。」

亞當說：「我沒有殺我的弟弟─」

「我想我能應用」阿李回答山姆：「我想這是世界最著名的故事，因為這是每個人的故事。……」

（案：這樣討論之後不久，這三人就依〈出埃及記〉（《聖經》第二卷書）的人物（如:迦勒等），開始命名了）

b. 《伊》小說中，亞當的家族中，很明顯的，區分為兩派人馬─凡是 "A" 開頭的角色，如亞當和那雙胞胎的大兒子：亞倫(Aron)，皆是如同〈創世記〉亞伯(Abel)一族的人。原來亞伯就是 "A" 開頭的人物(Abel)，凡亞當(Adam) 和亞倫(Aron)也都是史氏費心設計的 "A" 一族人：不但共同是 "A" 開始的名字，而且性情與命運也極為相似呢。

而這 "A" 一族人，又正有與之相對的："C" 開頭的人物，如查理（Charles，即上述的亞當之同父異母的弟兄）和迦勒（Caleb，亞

倫的弟弟）與 "A" 一族人成爲對頭，是所謂的 "C" 一族人！當然這也就是史氏上追〈創世記〉該隱（Cain）而安排的 "C" 一族的人。這樣，"C" 與 "A" 兩族人之相互對立，就正延續了「該隱」對「亞伯」的典型排斥了。[1]

c. 亞伯與該隱衝突之爆發點，在於上帝沒接受該隱的獻祭，而接受了亞伯的獻祭。而《伊》小說中，亞當和查理之爆發焦點也正緣於作爲父親的賽勒士‧特拉斯克(Cyrus Trask)只愛大兒子亞當給他的生日禮物（史氏將《聖經》〈創世記〉第4章裏的獻祭，改爲「送生日禮物」了），而不愛小兒子查理的生日禮物。

3.《伊》小說的兄弟大戰似乎活畫出了簡明樸素的〈創世記〉第4章所無的臨即感

這《伊》書中臨即感逼眞的兄弟大戰，就是本文主要想強調的重頭戲了：

《伊》書的第一章寫出《伊》書的地理背景：加州的撒冷娜山谷（如前文所言），這也是作者筆下亞當想努力建造的一座新伊甸園了。

第二章開始寫漢彌爾頓家族，從山姆‧漢彌爾頓寫起。而到了第三章，轉而描摹「人類的故事」一寫男主角亞當的特拉斯克家族了。這章不免讓讀者想起〈創世記〉第3章來（當然，《伊》書中，第一個觸犯此書中所謂原罪的，並不是書中的亞當，而是亞當的生父：賽勒士(Cyrus Trask)）。緊接著，當我們讀到《伊》小說第三章的第4節，那就像是進入了〈創世記〉第4章一樣了呢。這一觸即發的手足纏鬥是全《伊》書中，關乎同性間緊張關係最爲慘屬的一段描繪了。原本這一幕戲的開頭看起來很是平靜，只不過是亞當某天晚飯後，主動提及自己要出去走走，馬上查理也就附議，便和他的哥哥一塊出去走走。然後，即或兩人一同走在鄉間夜色黑暗的路上，似乎也暫時都平靜無事。然而，一當查理開始抱怨父親不重視他送的生日禮物，只重視亞當送的禮物時，這個話題很可能就

---

1 請參：Wan-hua Tung董挽華：Returning Back to *East of Eden* (—by John Ernst Steinbeck)(ppt.)

碰觸到查理當夜所以定意追隨亞當一塊走夜路的隱情了；於是，立時活脫彷彿點燃了炸藥的引信一般，兩人間應是積蓄已久的硝煙，霎時衝爆到至高點——

查理挪近他（案：指亞當）：「他（案：指賽勒士）今天下午和你談些什麼？…」

「他不過談談軍隊－就和平常一樣。」

「他看起來不像，」查理猜疑地說：「我看見他靠近你，…」

「他是告訴我，」亞當耐著性子，…微微的恐懼感已經開始升上他的腹部。他狠狠地儘可能吸了一大口氣，以把恐懼壓回去。

「他告訴你什麼？」查理再逼問著。…

「我不相信你」查理說：……

　……

亞當輕輕地呼出氣息，壓制住驚惶。

查理叫道：「你想把他搶走！…」……

　……

　……

「你在他生日做些什麼？…」

在查理是充滿「猜疑」與「憤怒」，而亞當卻一而再，再而三地「恐懼」戰兢，狂風暴雨欲來，亞當真是躲不掉了——

…那時候謀殺來到了，冷酷而熟練的謀殺，…

亞當狠狠地往後一跳，舉起手保護他的臉部。他弟弟…狠辣地幹著一往腹部結實的一拳，…然後是頭部四拳。…查理打中他的心窩。……

……他感覺到結實的拳頭叫他胸口作嘔，…撞擊到睪丸，叫他渾身一陣激痛，…彎著身嘔吐起來，而查理仍然冷酷地毆擊著。

亞當覺著太陽穴、臉頰、眼睛都挨受拳擊。…拳頭不停地朝他身上打，…在慘淡的星光中，從他血水模糊的眼裏他看得見他弟弟，………一眼裏一閃光後，隨即陷入一片黑暗。

查理跨立著，…然後他轉身，急速地向房屋走回去，…。

這一場血雨腥風並沒有因亞當昏倒，查理走回家去而結束，下面反而有更為不堪的畫面出現。整個弟弟毆打哥哥事件，緊接著就進入真正的高峰─

亞當很快地驚醒過來。…他用膝蓋支撐身體站起來，離開大路，蹣跚地往水溝那邊挪動。

溝裏有一呎深的水，高草從兩邊長出來。亞當悄悄地爬進水裏，很小心沒有弄出響聲。

腳步逼近了，緩慢下來，稍向前一點，再走回來。…然後一根硫磺火柴擦起一點藍光，

火柴梗點著了，照亮他弟弟從下面看起來顯得奇異的臉孔。查理拿起火柴向周遭巡視，亞當見得到他右手拿著一把斧子。

火柴熄滅後，夜色更黑了。查理緩慢地移動著，擦一根火柴…，再擦一根。…最後他放棄了。他舉起右手，把斧子遠遠地丟在田間，快步朝村子裏燈光那邊走去。

亞當在冷水中躺了很久，他奇怪他弟弟會怎麼想，….。

亞當爬出水溝站起來。他的傷口僵硬，血乾了，….。

（第三章第4節）

這結局是不幸中的大幸。這瘋狂毆打亞當的查理竟然停手而急轉回家去，拎了斧子再回來，眞是想「殺死」亞當呢！而還好亞當的夠機警，足以顯現他平日是何等日漸明白了：查理因嫉妒而可能有的強烈攻擊性與致命性的「殺機」了。那暗夜中，查理手拿斧子，幾度擦亮火柴，企圖找到亞當，一時立即要致他於死地的肅殺氣氛，何等可怖可驚！查理像是完成了「謀殺」的一切前奏了－兇狠地幾乎打死了亞當，是打到亞當垂垂待斃，昏死過去，還不肯善罷甘休，又轉回家去尋求利器，就想一斧劈下——。這個故事雖然亞當最後仍保全了性命，查理也不致鑄下「該隱第二」的人倫大罪，但他幾度搜尋亞當來打殺的鬼魔嘴臉，加上遍體鱗傷的亞當，保命地委曲噤聲躺在冷徹心扉的夜溝涼水中，大氣不敢喘一下，誠然極度恐懼萬端。這逼眞酷極的兄弟相鬥讓人汗毛直豎，不免令人苦思：「究竟人爲何物？」了。

事後，查理當夜畏罪逃家（賽勒士當時氣到想拎起鳥槍伺候他），而亞當不多久就從軍了——這事件之後，至少過了一年，這一對同父異母兄弟藉著彼此跨越兩地的通信，又多少尋回了一些親情。然而，查理在某次寫給亞當的信中，竟然出現這樣的字句——

「…為什麼他不喜歡我在他生日買給他的那把刀，為什麼他不？…若是他喜歡過那把刀，我就不會對你出氣。所以我非得對你出氣不成。…」

這是多可怕的字句。這故事的第四章之最後，提到亞當把這信存了一些時日後，

「每一次重複讀這封信時，他都感到一陣寒慄。他不知道什麼緣故。」

我想這經年因嫉妒而發酵轉成的「仇恨」，加上整年都難或忘的「非得出氣」的咒詛般的自我合理化，或振振有辭的説白，不難勾起亞當對那可怕夜晚裏，查理幾乎要殺死自己的鬼魅般的往事回憶了，自然也讓我們讀者也都一同感到「一陣寒慄」了！

4.這一代的兄弟相爭往後開啓了這家族第二代的兄弟相爭

這一代的兄弟相爭像是前奏，後來又有第二代的兄弟相爭，以致一時間癱瘓了這整個家族，這是後話了。這就是來日筆者要細談的課題了。不過，在一負面的聲息之中，作者假《伊》小説第廿二章的後部，重新解讀〈創世記〉第4章第7節，繼而由此解經而發生一個積極正面的重要主題，化全本小説一切被動消極爲主動積極。那這自然又是與筆者下次討論第二代兄弟相爭息息相關的關鍵要目，且聽將來分解。

總結説來，《伊》書第三章第4節，從文學描寫的要求來審視，的確是比簡潔冷靜書寫的《聖經》〈創世記〉第4章，更爲奪人魂魄的手足大戰，最後雖萬幸沒有演爲眞正殺人淌血的人倫悲劇，然而，「兵」不見血的後者，卻大有比前者那濺血喪命更爲緊迫窒息的強大張力，再有便是恐懼感迎面撲來，酷似一面冷冷透亮的明鏡，照見了人類家中常常是駭人戰場的猙獰眞象！

(健祐校對，作者清校)

漂在密西西比河上，讀《頑童歷險記》
——由傳播角度思考馬克吐溫和他的名作
Adventures OF Huckleberry Finn

楊台恩（國立交通大學傳播所副教授）

'On the Raft'
(Huckleberry Finn and Jim, on their raft, from the 1884 edition.
Source: Project Gutenberg {{P D}})

《頑童歷險記》小語

馬克吐溫在《頑童歷險記》(或作《赫克歷險記》)中,以成熟並寫實的手法描繪出密西西比河的整個景點及個中狀況,彷彿能讓讀者在閱讀的過程中與赫克一同冒險,一同目睹當時白人歧視黑人的社會真象。

這本書是馬克吐溫的代表作,也是美國文學和世界文學的珍品。海明威曾說:「一切現代美國文學來自一本書,即馬克吐溫的《頑童歷險記》……在它之前或之後,都不曾有過能與之媲美的作品。」這部作品不過以美國1800年至1874年為背景,便被美國電影界七次拍成電影。此外,英國、大英聯邦等國也都多次將其搬上銀幕,僅此一點,即足顯現這部偉大的作品是如何被全世界人民所喜愛。哈克(赫克)這個勇於反抗和冒險的形象,生動地體現了美國早期的缺失和美國人民所追求的開拓和創新精神,從而成為世界文學史上一個不朽的典型。

歡迎大家在本導讀演講當日(12/22/2010)之後,重新透過文字,與如今化身為作者的當日講員楊台恩老師。再次一同「漂在密西西比河上」,享受他來為《頑童歷險記》說書。(新文藝編輯團隊)

「人的一生，不管這一生是多麼短暫或長久，其實可能只是永恆生命的預告片(A glimpse－ 驚鴻一瞥)而已」

──佚名(*A Metaphor for Life*)

I. 引言：

1. 馬克吐溫多舛的一生：

馬克吐溫本名撒母耳・克萊門斯，1835年11月30日出生在密蘇里州的小城佛羅里達鎮。4歲時，他們舉家遷到漢尼拔，密西西比河畔的一個港市，這就是他的知名著作《湯姆歷險記》(*The Adventures of Tom Sawyer*)、《頑童流浪記》(*Adventures of Huckleberry Finn*)中的城市「聖彼得堡」的靈感來源。

馬克吐溫的母親在他4歲時即過世，父親也在他12歲那年過世，所以他12歲就開始在他哥開的印刷廠中作排字工人，15歲時，開始為哥哥辦的報紙寫稿。22歲時，一位船上的朋友勸他從事引水人(pilot)的工作，於是他認真準備了兩年，在1859年考上了引水人的執照[1]，開始在密西西比河的船上為船隻領航，引水人的工作收入頗豐，資料顯示，當時他的薪水是全美第三高（詳見Wikipedia,「馬克吐溫」條目）。

但就在前一年，即1858年，發生了一件不幸事件，使他自責一輩子。原來馬克吐溫除了自己在船上工作外，他還介紹他弟弟亨利(小他3歲)去船上工作，但在1858年6月21日，弟弟亨利因為船上的鍋爐爆炸而喪生；他之所以一生自責，是因為他在家中早已看見異象，預知他弟弟會死亡，但他卻沒能阻止這場悲劇的發生，這也成為後來他去追尋超自然能力的一個契機[2]。

1859年他考上了引水人的工作（當時月薪250美元，依當時物價推

---

1 Sanborn, Margaret (1990), *Mark Twain: The Bachelor Years: A Biography* (NY: Doubleday), p.133.馬克吐溫說，船上的四年生活，就是他的大學教育，一般人要花40年，才可學到如此多的東西；但船上生活（水手般的生活），可能也是造成他信仰道德破產的原因。

算，應相當於今日的155,000美元），爲全美當時第三高薪。但是錢多未必是福，1859-1861這兩年間，他交了一個女朋友，但有一次去New Orleans上岸後，因爲無聊，跑去找了一位算命仙，那位算命仙斷言：他會和未來的丈母娘不合，因此馬克吐溫便漸漸和他女友分手[3]。

　　*你還在看算命節目嗎？：算命之爲害大矣。

　　筆者有次在新竹遇見「中華信義神學院」一位教臺灣民間信仰的講師，他說他研究台灣各種民間信仰，但有種東西他卻不敢碰—也就是算命仙，因爲很多算命仙會養小鬼，攪動靈界複雜層面，後患無窮。馬克吐溫在1859-61年間跑去算命[4]，筆者個人推想：他或給自己招來了更大更多的厄運，因爲算命仙可能會養小鬼（想到馬克吐溫晚年時，他兩個女兒都英年早逝[5]，他太太也在1904年過世，令人不禁嘆息。）

2. 馬克吐溫的記者生涯

　　馬克吐溫在12歲時，即因父親過世家貧而做了兩年的印刷工人。之後爲大哥的報紙寫稿。18歲時，他離開密蘇里到了紐約、費城、聖路易、辛辛那提等地當印刷工人，兼採訪寫稿。到22歲才回密蘇里開始想作引水

2　弟弟亨利的去世，還有一點令馬克吐溫難過的是：他和亨利本來在同一艘船上工作，但因為有一位非常蠻橫不講理的長官一再來找麻煩，馬克吐溫那一次終於忍不住和他起了衝突，雙方變成一船容不下二虎，船長只好安排馬克吐溫去別艘船服務，（因為船長得罪不起那一位高官）。沒想到，就在那一次，亨利仍留在舊船上，而舊船鍋爐爆炸，亨利即死於爆炸。可是，上次馬克吐溫回老家聖路易時，已在異象中看見亨利躺在一具棺材中。所以，馬克吐溫後來會對超自然的世界有興趣，其來有自(Sanborn,(1990), p.128)。

3　後來，那位女友Laura Wright當了小學老師，嫁作人婦，他們老年後開始有書信聯絡。

4　(Ibid.,pp.117-119)那位算命女士Mme. Caprell很厲害，抓住馬克吐溫的心，使他對她的話深信不疑，以致與女友漸行漸遠。

5　後馬克吐溫於1870年（35歲）時和Olivia Langdon結婚，婚後生長子Langdon，但不幸於19個月大時死於白喉，但其後又生三個女兒Susy(1872-1896)，Clara(1874-1962)，以及Jean(1880-1909)。其中只有Clara算高壽，Susy及Jean都只得年24歲及29歲。兩個女兒英年早逝，對馬克吐溫當然是很大打擊，再加上和他結婚34年的太太Olivia，於1904年病逝，這對老年的馬克吐溫來說真是雪上加霜。（詳見Sanborn, Margaret(1990), *Mark Twain: The Bachelor Years: A Biography* (NY: Doubleday)以及Wikipedia,"Mark Twain".

人。在辛勤學習密西西比河水文兩年，考上執照後，正式工作兩年，就因爲南北戰爭爆發，河道受封鎖而離開，前後在船上工作共4年(1857-1861年)[6]。

所以，1861年之後，他就離開船上（可能也正好能夠離開弟弟亨利死亡的傷心地）與大哥奧利安一起去西部做文謄（因爲內華達州長請奧利安去做他的秘書，而吐溫也一起去幫忙）[7]。

其實，如今回頭看我自己的人生，就發現：人生的每一項事件或工作經驗或與人互動，都會成爲我們日後生命的資產，或著書之洞見，所以馬克吐溫那四年在船上的時候，把密西西比河上下游跑了個透，摸得很熟，後來就成爲他描寫《湯姆歷險記》與《頑童歷險記》中的重要背景；因爲他可以把河上風光，還有遇到的人事物，在兩本小說中描寫得栩栩如生。當時有人就觀察到，馬克吐溫在船上的日子時時在記寫東西，一方面，他可能在準備考引水人工作；但另一方面他考上引水人之後還在寫，那就表示12歲到22歲的10年間（排字工人以及寫稿編輯）給他的訓練，已經使他成爲時時記寫的人，也爲他日後成爲作家，打下了穩固堅實的基礎（他觀察到的東西，自己會時時留下記錄）。

1861年到西部之後，他還去挖銀礦，並做過記者，又去夏威夷採訪，1865年他以《卡城名蛙》(*The Celebrated Jumping Frog of Calaveras County*)這本作品一舉成名（當時30歲，距他12歲當印刷學徒已18年），1876年，出版《湯姆歷險記》（時年41歲，距學徒之時已29年），1885年《頑童歷險記》出版（時年50歲，距學徒之時已38年），1910年過世----至2010年正好逝世100周年[8]。

⋯⋯⋯⋯⋯⋯⋯⋯⋯⋯⋯⋯⋯⋯⋯⋯⋯⋯⋯⋯⋯⋯⋯⋯⋯⋯⋯⋯⋯

6 參見Sanborn, M. (1990)及Wikipedia.

7 同上註。有機會幫州長當秘書，當然是難得機會，相信馬克吐溫一定有不少機會爲州長寫文章，爲他撰寫演講講稿，而這可能也是造就馬克吐溫後來成爲著名的巡迴演說家的契機。總之，馬克吐溫中年以後，因爲投資失敗，負債累累，好友還幫他在全世界安排演講，以償還欠債，可知他真的能靠演講營生。

8 2010年4-5月間，台灣的美國文化中心和台灣師大聯合爲馬克吐溫辦了一系列的百週年紀念活動（網路上仍然看得到）

II. Louisiana Purchase：美國中西部的歷史沿革

美國最初的土地只有新英格蘭13州，而整個中西部一大片土地（幾乎密西西比河流域，特別是以西的土地，直到洛磯山脈）都是在1803年向拿破崙買來的，而這一片土地，買來時讓當時美國國土增加了一倍，據說是用一英畝三分美金買來的。而拿破崙之所以要賣，是因為他在歐洲連年爭戰，軍費需求甚大[9]。

而馬克吐溫的故鄉密蘇里州，正座落於這片買來的土地上，如今，密蘇里州還保有很多法國人所留下來的地名，例如：最大城市聖路易，便是因法王路易九世而得名，其他小城如：Boonville, Kirksville, Unionville，南邊的 Arkansas 州有 Fayetteville，都說明這裡曾是法國人的土地，也帶有法國人浪漫色彩，這也是《湯姆歷險記》與《頑童歷險記》所共同流露出來的色彩。

而馬克吐溫作引水人時，不時去報到的城市 New Orleans，更是充滿了法國味，所以，若說馬克吐溫的作品先天上就揉有一點法國風味，應該是並不為過的。畢竟美國是個民族大熔爐，而密西西比河流域長期受法國人統治，當然會保有許多法國文化遺跡[10]。

III. 密西西比河小史：

此河重要數據：

長度：6270 km

流域面積：2980000km2

源頭：明尼蘇達州

---

9 美國政府在1803年向拿破崙買下Louisiana這一大片土地之後，拿破崙後來戰敗，被人放逐到大西洋的聖赫勒那島。傳說在美洲卻有一批法蘭西帝國的孤臣孽子，準備開船到聖赫勒那島的監獄，把拿破崙劫到紐奧良稱帝。結果當他們開船到島上時，卻發現拿破崙已經病逝。所以，後來《頑童歷險記》中有一段兩個騙子冒充法國儲君路易十七及大臣的故事，因為此地的人民仍然對法國有相當深的感情啊！

10 在New Orleans每年都舉辦的大遊行，叫'Mardi Gras'，以及當地流行的Cajun食物，都是法國文化的遺跡。

注入：墨西哥灣

此河是北美洲第一長河，世界第四長河，僅次於尼羅河、亞馬遜與長江，1811年「紐奧良」號汽輪首航密西西比河上，年運輸量在2億噸以上[11]。

當年美國人到西部拓荒，當然可以坐蓬車由東而西（當時還沒有鐵路與高速公路），但是最便捷的交通路線，還是沿海坐船到紐奧良，然後再換船沿密西西比河往上游走，到聖路易再換小船，可以沿密西西比河的支流密蘇里河再往上游走。直到船無法走的地方再換陸路，輪船載得多，運費也比蓬車便宜，因爲是用水力。

所以，有人說: 聖路易是西部拓荒的門户，便在那裏造了一個很大的拱門(St. Louis Arch)供觀光客攀登遠眺[12]。

的確，馬克吐溫年輕時，見證了密西西比河航運最盛期（1869年第一條橫跨美洲大陸的鐵路才告完成），而他也在1857-61年成爲密西西比河航運界的一員，這一段經驗有不少被寫入《湯姆歷險記》與《頑童歷險記》。密西西比河又被美國人尊稱爲 the Father of Waters 或 Old Man River，Old Blue 或 Moon River，所以圍繞這條河，就產生了很多美國文學作品，而馬克吐溫就成爲其中的先驅[13]。

IV. 《頑童歷險記》——故事與寓意

1. 故事精華:

哈克與湯姆在前一本小說《湯姆歷險記》中, 發現印第安人喬藏在山洞中的珠寶，而意外得到一大筆財富（因爲喬已在大地洞中墜崖而死），

---

[11] 詳見Wikipedia, "Mississippi River".

[12] 自從造了St. Louis Arch之後，每年有很多遊客到Arch參觀，並坐電梯到頂端遠眺，這使得隔壁愛我華州人非常嫉妒，於是他們想出一個點子，他們是玉米帶，他們有何特色呢？就是玉米。所以，他們要建一個超大的玉米，使遊客能坐電梯到頂端，以遠眺Iowa.

[13] 福克納與海明威都肯定馬克吐溫在美國文學中的先行者地位（參見Wikipedia, "Mark Twain".)

法官幫他們清點後，幫他們存入銀行，以致湯姆和哈克得以每天得利息美金一元，這在當時是一筆極大的財富，因為馬克吐溫在船上當引水人時，月薪250元，而湯姆和哈克，每月月入30美元（約相當於今天的每月15500美元）這當然對今天的小孩子來說，也是一大筆錢。

哈克被寡婦道格太太收養，過了一段「文明」日子，但這與他格格不入，他總想回到過去自由自在又懶散的日子，直到有一天，他的財富竟讓他倒楣了，原本他酒氣沖天的父親找他討錢並把他擄走，與他一起住到一個破爛房子中，並且經常毆打他，使哈克最後不得不逃走，並躲到當初和湯姆玩耍的 Jackson 島去。

在那裡，哈克遇見了也從道格太太家逃走的黑奴吉姆，因而結伴一同乘坐木筏往密西西比河下游走，想到一個自由州去，並且晝伏夜出，以免吉姆被人發現。

路上，他倆遇到了自稱國王（法國儲君路易十七）和華特公爵的兩個老騙子，強迫哈克去服侍他們，並且沿路向人拐騙，最後哈克良心不安想離去，不料吉姆早已被這兩個騙子給賣了。哈克急著尋找吉姆，一路來到了一位叫做莎麗的婦人家，後來才知道，她就是湯姆的波麗阿姨的親姊妹，同時發現吉姆被村民囚禁起來了。

這時恰巧湯姆來到了莎麗家拜訪，哈克和湯姆便偽裝成為湯姆和表弟希德去哄騙莎麗阿姨，湯姆費盡心機策劃營救吉姆，最後吉姆終得自由。

2. 承接前書的開場白：續集的面世表示前本書太暢銷了！

此書是《湯姆歷險記》的續篇，所以一開頭，馬克吐溫就花了一些篇幅交代前本書的結局，為本書展開鋪陳的基礎[14]。

據說，中文電影最多續集的是〈黃飛鴻〉系列，共出了一百多部，變

---

14 不管是電影或小說，如果問世以後，很賣座，那肯定會有續集。所以，馬克吐溫之所以會寫《頑童歷險記》，正表示前一本書大賣座。

成了世界記錄。這表示此題材非常暢銷，因此到1990年代，成龍等人都演過〈黃飛鴻〉系列電影。

3. 富極無聊----Don't be over-zealous to teach your kids!

此書最初是聚焦於哈克身上，描寫他被寡婦道格拉斯太太收養，是多麼無聊地生活著。這是對比於他最早幾乎無人管束的日子，其實，寡婦的管教對哈克來說，也許是欲速則不達，正好在他身上引起反效果，以至於他最後逃家。

那些寡婦給他的教誨，教他《聖經》故事，在大人看都是極其重要的，美好價值觀的傳承，但有時，父母的 over-zealous 反而會弄壞孩子的胃口，所以馬克吐溫似乎在教所有大人一個有效傳播的功課：你如果想要有效地傳播給哈克，讓他能夠接受，不可以用強制、填鴨的方式，而應循循善誘（例如: 湯姆用計把哈克帶回家，就是大人應該好好向湯姆學習的技巧），即《孫子兵法》上的欲擒故縱之計。父母應當花心思學習，否則一味地強迫孩子，只會造成反效果，但這樣的悲劇卻世世代代在家庭中上演，可見父母不是不知道這道理，只是做不到。

因此，我們從此書中，可以學到許多寶貴的「人際傳播」功課，現在分述如下──

「人際傳播」第一課 ：

Lesson 1：傳播成功之道─以退為進，欲擒故縱：父母子女之間的人際傳播要有效，不妨以退為進，欲擒故縱（例如：在新竹，一位母親的兩名子女都考上大學的第一志願（台大電機系與台大外文系），她說：我發現我是一個很奸詐的母親，我會故意不要孩子讀書，否則只會壞了孩子對讀書的胃口。）可惜的是，很多父母(包括筆者在內)都在孩子的教導上，得到很大的負面教訓，這是父母學第一課要學的。可惜許多人似乎認為：只要你會生孩子你就自然會養小孩，從不去費力氣學這方面的功課。

誠如曾陽晴在TVBS 節目〈國民大會〉的訪談上說：「我們沒有一個人做父母前，曾學過怎樣做父母，絕大多數都是孩子生下來，不斷地

Trials and Errors（嘗試錯誤）」。所以，有些父母很優秀，兒女卻不成才，因為每一代都是從零教起，似乎優秀的經驗很難傳承下去。

與讀者對話：

Q： 假如Huckleberry Finn不是交給寡婦，而是托給你管，你會如何對待他、教育他？你要如何與叛逆的他溝通？

「人際傳播」第二課：

　　Lesson2：長大成熟就是學會如何與配偶及子女溝通：哈克與父親、寡婦的溝通都不良，可做我們的鑑戒。在學做父母的過程中，我們會變得更寬容，更接納，更能體諒別人的困境(這些就是所謂的長大成熟吧？)，因為我們自己也常陷於各種夫妻與親子傳播的困境中。對筆者來說，我則是學習了更多禱告，因為知道父母能做的有限，或有時是鞭長莫及，故需尋求上帝的幫助[15]。

4. 醉父貪財：哈克不斷被霸凌的童年

　　當他經常酗酒的父親來找他，威脅他交出錢來，並把他強行擄去，一同生活在破屋中，不斷地毆打他時，他終於受不了而裝死偷跑，並躲在傑克遜島避風頭。

「人際傳播」第三課：

　　Lesson3：傳播成功之道---了解對方的背景：當我們面對一個舉止怪異的人時，有人會怪罪這人不好，但其實，我們是面對一個家族長遠以來對這個人的影響，例如：哈克童年自酗酒的父親所受到的傷害很大很深。但很多時候，我們並不完全知道一個人過去的傷害有多大多深，他自己也往往羞於啟齒。

---

[15] 母親過世後，我才從二哥追思文章中得知：昔日我與二哥讀US博士，寫論文階段發生困難，母親曾睡不著，半夜跪在床前為我倆禱告。真的，請思考以下的案例該怎麼辦？竹東有對可憐的夫妻，他們的大兒子從高一打電動，打到高三，腦袋已經恍惚了，父母親也拿他沒辦法，請問您如果是這對夫妻，您會如何做？

5. 黑奴制度── 顛覆性思考: 由美國南方的角度來看這制度，這有錯嗎？

密蘇里州是密西西比河以西唯一的一個奴隸州，這有它的歷史背景:

1) 密蘇里州有密西西比河以西最古老的州立大學及一般大學:
University of Missouri－Columbia（州立最老，創立於1839年），
St. Louis University（私立大學 (the oldest among all universities) 創
立於1830年）[16]。

這意味著本州歷史悠久。而在西部拓荒中，本州也有舉足輕重之地
位，因為本州為西部拓荒水路的要衝，為拓荒的起點。很令人百思不解的
是，世界第一個民主國家，最初90年（1776-1860）竟是與奴隸制度並存
的國家。

2) 密蘇里州也是個農業州，當年也種不少棉花，需要大量勞工，這
正好是南方蓄奴的原因，不同於北方各州多工業，可用機器生
產，不需大量勞工採棉。

因為馬克吐溫是密蘇里州人，所以黑奴問題是他無法迴避的，然而
整個南方在南北戰爭後，大概都想對此閉口不談，因為敗軍之將，何敢言
勇？就這一點來說，馬克吐溫是誠實以對的，他甚至還把自己曾經短暫加
入南軍的歷史都寫出來。[17]

其實，隨年齡漸長，我們都會漸漸意識到: 任何事物都不是非黑即白
的，南方蓄奴亦是如此。北方反對黑奴制度，當然是「師出有名」，南方
蓄奴亦非完全沒道理，只是這些道理在天賦人權的大旗下，似乎就沒有太
大的說服力了。

這本小說在南北戰爭結束後約20年問世，當然他的基調是反對蓄奴

....

16 University of Missouri—Columbia的網站介紹，說明密蘇里大學是美國中西部（Louisiana Purchase）中
最古老的州立大學，而美國私立大學的歷史往往早於州立，所以St. Louis University是天主教耶穌會創立
的，比UMC還早了9年。

17 Sanborn, M. (1990).

的，所以他用一個幫黑奴逃家的故事來貫串全書，但字裡行間，我們依稀可見那些奴隸的主人，其實大多並非壞人，也有許多是善待奴隸的，只是，他們生下來就在此制度之下，也就習以為常了。

「文化傳播」外一章：

Lesson 4：思想典範轉移對文化傳播的重要性：有很多事，因為從小身在其中，我們習焉而不察，也不覺得他們有何錯（如：美國南方那些蓄奴的家庭）；但在另一社會中，可能是絕不被接納的事。所以，有時能跳脫自己的社會環境去做思考（作一個典範轉移—paradigm shift），才能有突破的想法。

6. 逃亡倫理：對朋友忠誠或對州法忠誠？

當哈克協助吉姆逃亡時，他面對內心的矛盾：對朋友忠誠或是對州法忠誠？美國南方的州法對於協助黑奴逃亡處罰嚴厲，這比起單純黑奴逃亡事件還嚴重很多倍，否則無法嚇阻逃亡。而美國北方很多不贊成黑奴制的白人，也會來南方鼓勵協助黑人逃亡。

與讀者對話：

所以，當哈克面對兩難時，他該如何抉擇？

可能的出路？

舉例：Eyes Up

有一個猶太人，當他4歲時，向他的猶太老師學小提琴，老師告訴他說："To play good violin, you have to set your eyes on the distant star."當時他還聽不太懂其含意。但長大後，他真的成為一名小提琴家，而在二次大戰後不久，有人邀請他去德國演奏，卻沒想到全世界的猶太人都來電、來信，阻止他去演奏，不讓他為殺害猶太人的德國兇手及兇手後裔演奏。

最後這小提琴家還是去了。因為他記得小時候老師教他的那句話，要把眼光放在遙遠的那顆星星上。

那演奏會的一夜很多德國人流下了真正感恩與懺悔的眼淚，因感動於這位猶太人竟把他們本國人的音樂出神入畫地詮釋出來。所以，因為一個人把眼光放在遙遠的星星上，帶出了猶太民族和日耳曼民族寬恕和解的重要一步，這音樂家到底為何又如何如此做呢？值得我們深思。（編者按：可對照參看本書＜代跋＞中的相關文字）

正如中學時一篇文章所說："Unless we forgive, we can not love. Without love, life has no meaning. So, forgiveness is truly the saving grace"[18]. 而人類要如何才能寬恕呢？那就要學這位猶太小提琴家把眼光放在遙遠的星星上了。

所以話說回來，當哈克面對這一個難題時，相信他也是把眼光放在遙遠的星星上，最終做出了正確決定----哈克順從了他心中更高的呼喚─幫助吉姆逃走。

7. 江湖的險惡：（很像19世紀時美國中西部轟動一時的社會新聞，更像近年台灣花招不斷更新的詐騙集團）

馬克吐溫12歲時，即因父親過世而去做排字工人，22-26歲又在輪船上工作，來到大西部挖礦，做過記者，可見他的閱歷豐富。而在《頑童歷險記》中，他就安排哈克與吉姆遇見兩個老騙子，這兩個騙子利用美國人崇洋媚外的心理，假扮是法國儲君路易17和華特公爵（當然故事背景的這一片土地是1803年向拿破崙買來的，所以用法國國王的頭銜在此區域特別有說服與感召力。）

不知為何，美國人至今仍對歐洲的王公貴族還存有很深的敬意？有可能是他們祖先大多為歐洲移民，故有一種思鄉情結；而當年會來美國，可能是因為在歐洲過得不好，所以才來的（較多移民可能在歐洲本身就是中下階層份子），所以自然對王公貴族尚存很高敬意。

那兩個老騙子正好利用了美國人的天性弱點，在密西西比河流域大

---

18 詳細出處已找不到。但本段英文大約是出自1978年高二遠東英文課本。筆者曾到處搜尋，可是33年前的課本老早因搬家而丟棄了。

肆招搖撞騙，甚至騙到吉姆都被賣了，哈克還不知情，這使人聯想到台灣近年來層出不窮的網路交友詐騙，使多少人上當受騙，人財兩失。當然，時空環境相差很大，但不變的只有一樣，即人性的貪婪會引來無限的後患（歹徒和受害人都是貪圖財色，才會一拍即合）。

「大眾傳播」外一章　：

　　Lesson 5：眼到與手到---新聞中，處處是機會，端視你能否把握得住：一則報上的社會新聞，也可以成為小說中精采的一章。這是從馬克吐溫小說中，那兩個老騙子的故事所得的靈感；知名作家戴晨志的書中，也有很多這種章節，好的作家大概就是那種會處處看到靈感，並能迅速形諸於文字的人（眼到、口到、心到、手到）此處特別強調需要頭尾兩到。

8. 《頑童歷險記》的傳播學意涵分析：

　　馬克吐溫是記者與輪船領航員出身，所以他的小說帶給後世以下的影響：

1) 美國文學的鼻祖／美國文化傳播的先驅：正如福克納所言：馬克吐溫「是第一位真正的美國作家，我們是繼承他而來」。而海明威亦強調，「所有美國文學作品，都可以在《頑童歷險記》中找到他們的源頭」。所以我們可以如此推論，馬克吐溫的所有作品，特別是《頑童歷險記》在美國文化的傳播上，有其重要的價值，因為它用美國中西部的方言寫活了哈克柏利，湯姆和吉姆的角色，藉這些人物把美國文化傳播到世界各個角落，並且為後世的美國文學立下了良好的典範。

2) 幽默的報導文學：幽默是廣告學的一個特別研究領域，在新聞中也是重要的傳播元素，馬克吐溫即以號稱幽默大師傳世。不過，他的人生卻有不少悲苦：幼年喪母喪父，23歲時弟弟亨利又意外身亡，之後兒子早夭而兩個女兒又英年早逝。有如很多小丑，把歡笑帶給人間，但自己卻未必是快樂的。馬克吐溫的一生恐怕有點像那些小丑一樣痛苦，或許寫作是他療傷止痛的一種方式吧？

馬克吐溫在新聞及演講上的歷練，加上他在船上工作的水手閱歷，使他變成一個說故事高手，而且他善用詼諧的筆調講故事，增加了他作品的可看性。我記得童年時不知把《湯姆歷險記》讀過多少遍，我想這和他幽默風趣的筆觸有很大的關聯。

3) 天真無邪的童趣：《湯姆歷險記》和續集《頑童歷險記》都是用兒童的眼光與角度來看大人的世界，此眼光看出了大人的偽善、教條與詭詐，也看出了兒童的真誠感人。馬克吐溫的兩部作品令人想起了〈國王的新衣〉的童話故事，的確，自小孩子眼中，才可看出成人世界有哪些問題；而他點出這些問題，卻是用輕鬆詼諧的筆調，這就是他的成功之處。 這兩部作品在世界文學中享有特殊地位，因為他們是經典中最有童趣的，最天真又最真誠的作品。

4) 大河文學：密西西比河之於美國，猶如長江、黃河之於中國，是集各種民族情感於一身的一條河。馬克吐溫從小長在這河邊，看見人間百態在這河中上演，又花了4年在河上輪船工作，可以說熟透了這河，因此，由他寫出河上的故事，必然是深刻感人的，《頑童歷險記》就是以此河為故事骨架，難怪這部作品成為美國文學的濫觴。他取材自這條河實在太關鍵了，俗話說：「用錢要用在刀口上」，而馬克吐溫則是「選材選在刀口上」。 所以，任何傳播（這本小說至少是文化傳播之作）要有效果，選材是第一要務。

小結：本書可上溯荷馬史詩與《聖經》故事中的遊牧精神

1989年，我申請博士班到密蘇里大學新聞學院面試，(馬克吐溫正好曾在密蘇里大學獲得榮譽博士學位，而馬克吐溫又是記者出身) 面試結束之時， 我請教考官之一的新聞學院副院長 Ed Lambeth 說：「為何美國人幾乎習慣到處搬家換工作？為何他們不像日本人一樣，一輩子在一家公司或一間學校終老？」Lambeth 回答：「我不知道耶，或許這是一種 Nomad Spirit 吧？」是的，在密蘇里我看見了哈克與馬克吐溫的 Nomad Spirit，這

其實是美國國民精神的縮影—移民精神、遊牧精神—當然，這可以上溯荷馬的史詩《奧狄塞》(*Odyssey*)及《聖經》中亞伯拉罕在各地遊牧的故事。這些故事都反映出人類天性中的一種遊牧精神。

Appendix：

　　閱讀與準備《頑童歷險記》演講時，心中激發出的一些靈感：

I. 人活著的價值與意義何在？

　1. 會不會你（妳）現在活著，這只是一個 trailer（預告片）？

　2. 會不會將來天堂的生活，才是播放人生的正片？

　3. 但你的 trailer 一定要保證做得非常精采；否則，誰想去看後面的正片呢？

　4. 以上的靈感，對許多今天想自殺的人，會不會有當頭棒喝的作用？

II. 比較馬克吐溫、戴晨志、簡媜，與李嘉誠的寫作之路[19]，帶給你我何種啟發？

　1. 四人的童年都很悲苦：（但苦難是否一種化妝的祝福？）

　　(a) 馬克吐溫四歲喪母，十二歲喪父；廿三歲時弟弟死於他所介紹的船員工作中。

　　(b) 戴晨志出生之前，一個哥哥即在池塘中溺死；三十多歲，拿博士回國時，突聞噩耗：姐姐遭遇車禍逝世—得年三十五歲。

　　(c) 簡媜：十三歲時，父親突然車禍逝世，因他是家中大姊，下有二弟二妹，所以突然被迫長大，因要開始負擔家計。

---

19 馬克吐溫的經歷出自本文；戴晨志的經歷出自他的著作，《靠志氣，別靠運氣》；簡媜的經歷來自Wikipedia；李嘉誠的經歷來自商業週刊2007年12月的專訪。

(d) 李嘉誠：十四歲時，父親過勞死，他一人在香港辦喪事。那一年他突然從小孩變成了大人[20]。

2. 四人都隨時記寫：

(a) 馬克吐溫在船上作引水人時，就有人看到他時時在記寫東西——一個多產的作家一定是不斷吸收的人。

(b) 戴晨志：隨時抄筆記，並且隨時撕下來放簡報夾中，依主題分類；隨時剪報並分類於剪報夾中（夾中剪報沒有日期，出處，但一定有分類）；他甚至帶手電筒去看電影，因在戲院中電影會激發他很多靈感，所以要藉助手電筒光而立刻寫下來。

(c) 簡媜：皮包中帶有五本筆記本，例如：在餐廳中，聽到鄰桌對話，聽見片段的 information 時，立刻分類好，記在五本筆記中。

(d) 李嘉誠：十七歲在香港做小工，時時學習記寫；以致於老闆臨時找人代寫信時，因代老闆寫信，寫得比原來老闆的文牘還好，因此大獲賞識，立刻得到升遷，做倉庫管理員[21]。

3. 出版著作的數目：

(a) 馬克吐溫：33本

(b) 戴晨志：39本

(c) 簡媜：25本

(d) 李嘉誠：？本（但確定有很多書以他為主題）

（以上數目皆不斷增加中。據悉，戴晨志先生還有200個剪報夾，或許還可以寫出200本書；馬克.吐溫死後80年，直到1990年代，仍

---

20 詳見商業週刊2007年12月李嘉誠專訪。

21 李嘉誠不滿17歲時，還是小工，但因寫作受老闆大力拔擢，而18歲即管理200人（出處同上註）。

有他的新書發表，因爲陸陸續續，後來發現不少他當年以筆名發表在大小報紙與雜誌上的文章）

4. 前三人都做過記者或編輯：

　　(a) 馬克吐溫：至少20年編寫經驗

　　(b) 戴晨志：曾做過華視記者，現在遇事還會採訪

　　(c) 簡媜：曾任雜誌編輯多年

　　(d) 李嘉誠只是小工出身

5. 四人作文都很厲害：

　　(a) 馬克吐溫：12歲打工，直到23歲做記者編輯(在很多小報甚至一人全包，負責了採寫、排字、編輯等工作)

　　(b)戴晨志：高中作文比賽曾獲台中市第一名

　　(c) 簡媜：聯合報小說獎

　　(d) 李嘉誠：對他來說，寫作是他的發跡之道，作文一定很厲害。

6. 演講口才很棒：

　　(a) 馬克吐溫：演講的幽默高手（也是内華達州長秘書）至今仍有許多他的幽默名言流傳世間

　　(b) 戴晨志：口語傳播博士，本來就很會演講

　　(c) 簡媜：也是寫而優則講

　　(d) 李嘉誠：因是華人首富，對經營管理有很多獨到之處，世界各地請他演講的必定不少

（健祐校對，作者清校）

第二部

經典名著的閱讀
及「閱讀計劃」

本課『萬元LOGO達人世紀爭霸賽』
所有得獎作品總覽

本書這「第二部」(pp.131-199) 皆是選錄自交大校友會出版的《交大友聲》「新文藝復
興閱讀計劃專輯」(436、437兩期,2009年出刊),是本書關乎經典名著的閱讀及「閱讀
計劃」部份。

這「第二部」(讀集)與本書前面「第一部」(講集)合起來,就成就這本《說書二:新
文藝復興閱讀計劃講讀集》了。

謝忱滿滿：
今夏我們來小肆《說書》

董挽華（國立交通大學通識教育中心退休副教授）

前言：大暑與書中日月長

　　火火大暑與書中天地，這兩者是多麼古舊，又是何等有機的組合呢：想來且將溽暑浸泡於書中乾坤，遂得了一種大蔭庇與深洗滌了呢。我遂想起了往昔兒時，暑假裏常得飽嘗詩書的美味來─從《天方夜譚》(One Thousand Nights and One Night)、《辛巴達七航妖島》(The 7ᵗʰ Voyage of Sinbad)、《雙城記》(A Tale of Two Cities)、《簡愛》(Jane Eyre)、《咆哮山莊》(Wuthering Heights)、《塊肉餘生錄》(David Copperfield)、《論語》、《孟子》、《古文觀止》…，直至《聖經》等等，皆任我品評。我與舍妹先是每每聆聽先父一篇篇解析中國古典文學美文（我們姊妹倆當年在先父背後，還悄悄謔稱這先父對我們的說書是：「講道」哩），就一天天不知不覺逐漸學起品嘗文學的滋味，因這比起學校的上課，似乎有著免除考試的解放，於是自然生發無比樂趣來。而如此堆疊許多盛夏過去，也蓄積了日積月累中的能量，我們或也卓然自立而欣然直接吸取群書的滋養來。行文至此，忽念先父安息主懷倏然三年半載有餘，始切實體會親恩除盡養育重責，更日施教育深愛，不禁潸然。

　　而自從一年半前（第一個半年我是義務參與），我開始正式參與了本校「新文藝復興閱讀計劃」（簡稱：「新文藝」課或「經典名著選讀」課），我對同學們何時有空讀讀課外書也特別加以關注；就我所知，有的選課同學也是每到放假暑天，方得空讀經典，讀了書，一等到

開學就能認證驗收成果。像有一位同學，每逢暑假就讀一本或兩本莎翁名著，如今兩年下來，已然讀完四本莎翁名著，正好累積了100點（莎翁名著一本是25點），得獲兩個學分了。因而長夏炎炎，正是讀書好天，書中日月何其長。

今夏我們來小肆《説書》

今夏尤其很不一般，交大友聲彭主編前來相邀，商請我們幫著輯出這期十月號新文藝課的專輯來。其實本課在三個月之前，剛剛推出本課的第一本導讀文集，是爲：《説書》（詳參本課專屬網站：新文藝復興閱讀計劃nrrp）。這是爲時接近一年的邀、編、審、校的成果。而如今很有重蹈月前剛踏完的軌跡，再次重啓：邀、編、審、校諸般工夫的架式；整個暑假，不但與書爲伍，且再度和編輯大業與使命重負交手，忙累得個人翻馬仰，日夜顛倒，書中日月不但真正加長，而且加倍長了！好在我們的23位全體認證老師是堅實的後盾，而我們的整個前線工作團隊又甚賣力，終於在這酷夏裏用力一搏，又繼續推出了這專輯。比起月前正式的專書：《説書》來，這像是編給校友和師生的一本小一號《説書》了，真可謂：今夏我們來小肆《説書》！

兵分三路進軍

這期友聲真是「有聲」，而且「有味」：加添了老師講員校友學子四面八方的聲音不說，又有書香滿溢。我們占了不少篇幅，全師是兵分三路，以三卷文稿來進軍的—

——1.我們的新文藝工作團隊卷

——2.來賓講員卷

——3.校友同學卷

吳重雨校長原是率先大力推動本課的幕後推手，這次又再度首當其衝爲我們發聲（這篇校長序文也同見於《説書》一書）。而我們團隊口中的「李主委」，也就是人社院院長：李弘祺教授，在異地的夏日，欣然接

受我們的紙上簡要專訪，主題原是：「泛讀」。而王文興教授長篇精細對話之聚焦則是：「精讀」。這篇近二十頁的長稿，成績斐然：是由語慧助理訪談兼撰稿，卯足全力，用心敬事，加上王老師親自披掛上陣，從他本人煩重的文字日課裏，區劃三日（也是兵分三路），每日分別審視此稿的七頁篇幅，以為回應，本則審稿案例似已成為王老師力主「精讀」要求的又一美好自我示範了。還有我們彭明偉老師演義本課往昔的兩場導讀演講（正好包括王文興老師的演講），也將如此「精」、「泛」兩般讀書與說書的觀點和方法相提並論，合一爐而冶之了。

曾設計手冊封面的琳婷同學特地為文，追記她與我們美麗的合作經驗，儼然一時加入了我們的行伍。而芷萱計劃助理以一路裏助本課的褓姆心，敘寫了本課近一年的大事記（除了《說書》問世一事，餘者皆無不包）。

而一提及《說書》，最要感謝的自然就是我們的講員，他們多位是既講又寫，然是辛勞。而這專輯中，王文興老師與朱佩蘭女士皆是昔日的講者，他們又都是供稿人（朱佩蘭女士更是打字定稿齊整，連同磁碟片掛號付郵，直接寄交本課的體貼送稿者）。而謝鵬雄老師則是新近將在9/30莊校導讀《紅樓夢》的本學期第一位打前鋒講者。酷好讀書破萬卷的謝老師雖然較晚受邀撰文，然盛夏運筆，倚馬可待，總是初衷不改而殷殷勸讀呢。為文至此，不禁想到《論語》開卷有云：「有朋自遠方來，不亦樂乎！」我們誠然高朋遠客會聚烹茶論書，樂何可支！

本課內涵多元，除去前述導讀演講、專書出版、認證講求等，我們尚有讀書會及「閱讀四王」活動（即3+1≠4活動）等單元。參與讀書會的老師共有六位，皆屬本中心貢獻非凡的生力軍。在日頭滾燙燙的假期中，我們不敢攪擾太多，只邀請一位當初最先倡導此會的王冠生老師作主打代表，於是介紹出來他的〈午後哲學書房〉。冠生老師樂於撰文，歡喜之情溢於言表；經典奇書共賞，當真人生樂事！

讀書會、「閱讀四王」活動和點數計算新制，皆力推同學們進軍扣關而先馳得點。上學期期末，緊接著閱讀四王一一誕生之後，本課終於有了

第一批（共13位）通過認證和獲得學分的同學。而閱讀的四王分別有一至四名的女王與國王（多麼像 C. S. Lewis 的《納尼亞傳奇：獅子·女巫·魔衣櫥》(The Chronicles of Narnia: the Lion, The Witch and the Wardrobe)的結局呀） 這四位榮登寶座後（詳參本課專屬網站的圖文報導），他們還各自舞文弄墨，撰稿抒懷。面對第一名雪怡的超前成績與鉅細靡遺的長長讀書心得，我真要說：「讀書樂，樂如何」了！又從此，我們的「新文藝復興閱讀計劃」又誕生嶄新的解讀了—因有閱讀女王之一將它特別讀作一己的「閱讀復興之路」了，誠然是可喜可樂的世說「新語」！

而這四位王者，或因今夏放假，或因畢業離校，至今仍與《說書》緣慳一面。但劉建谷捷足先登，有機會先睹為快，讀了《說書》中的首篇文字：〈《聖經》導讀〉而引發深層生命觸動。王尊民為文針對此書中的《自卑與超越》導讀而來，並向其作者，兼是原講者的學長：杜書伍（原意即是：「與書為伍」！）致敬仰慕。至於陳翊維，已將本課和他個人暢讀課外書籍圈為本族同國而一視同仁，寫來很是有情有味。

「八福」境界之外

最後我不敢或忘竹客先生，他似乎為我們新文藝課升高了層級，這事本身就要算為大功一件！單就同名的外貌來看，這竹客揭櫫的「八福」似乎直逼人間倫理史上，最是在地若天或說安定在天的《新約聖經》之「八福」了。雖然我們此處的「八福」實難比劃那耶穌基督登山寶訓的「八福」，卻令我輩雖不能至，心益嚮往之！ 又這「八福」至少還激動我將書架上那本義大利文學大師卡爾維諾知名的《為什麼讀經典?》一書抓下書架，進而將其書中的13點大理由，與這兒的8點一一比對，私意真想弄明白兩者究竟何異何同呢。

至於我自己，對竹客的八福也都一一感同身受。除此之外，我若再要多出一點，那可能就是：本課剛好統合了我對「編輯美學」與「賞讀經典」的兩種體驗與興趣了。因這兩者原本就是我的學經歷，而本課多元要求的呈現（包括美編選圖、構思活動、邀請講員、寫作精校、專書專輯編輯出版等）在在讓我在文學專業與編輯實務兩方面力上加力，樂上加樂，

因而本課對我在這兩個領域上都有加分操練的貢獻；這對我個人來說，當屬「八福」境界外的又一章了。

謝忱滿滿

在當下如此書卷香氣馥郁的氛圍裏，最後我要真誠感謝。感謝吳校長、李院長以及我們中心的蔡、黃兩位前後主任（他倆都身兼本課的認證老師）。我感謝本課的每一位認證老師（有的認證老師還同時要粉墨登場來說書，如：孫治本、楊永良和彭明偉、王冠生各位老師即是，尤要感激）我感謝每一位主持讀書會的老師。深深感戴我們曾有的每一位講員（而兩度光臨本校的講員，更需銘記）、每一位撰稿人和每一位本課工作團隊中的大、小肢體們。當然，除去謝謝目前與我並肩作戰的本學期新任課老師：楊台恩老師，我也要向以往先後與我同工的高佩珊和胡正光兩位老師致謝。我最後也要感激交大友聲整個敬業的團隊—尤其以靈敏並勤奮，總在火線上督軍奮戰的彭叔靜主編為代表。滿滿謝忱真是我們在這漫漫夏季熾熱日頭地裏，身心沉浸經典，與師生共同體會閱讀喜樂之外的另一個豐碑，謹以為記。

而今夏，我的家中，外子日常對我最喜歡掛在嘴邊的一句順口溜，竟然是：「經典閱讀！」

四個字！他每每一見我為新文藝課的種種，或是趕稿熬夜或是苦思苦想或是案牘勞形了，他總愛對著我高嚷：「你啊，經典閱讀！經典閱讀！又是經典閱讀了！」

小女身在台大，卻也每日不忘上到Skype，心懷老媽的新文藝課如何如何。值此終於完稿的時刻，開學在即，夏令已完，而秋收未至，聰明如你的讀者們，讀了我們的專輯，你也想「經典閱讀！」一下嗎？盍興乎來！

(9-11-2009 海暑裏趕稿一整天而完稿，風城交大華廈)

(妝莊校對，作者清校)

「讀、讀、讀」：
與李弘祺院長紙上對話，從學思歷程談到廣泛閱讀

李弘祺 (回答／撰稿)　　　　回夏 (提問／編校)

　　炎炎溽暑，八月上旬，交大人文社會學院院長李弘祺教教授回返紐約家中之後，接受了回夏女士遙遙來自新竹，藉電郵傳遞了8個問題的靜態訪問。李教授親自打字撰稿以回應。幾度電子信息往返，於是我們有了這篇寧靜無聲的電子對話錄。且看李教授首先如何從他的「學思歷程」談起——

1. 請先談談您的學思歷程？

　　我從小就喜歡讀各類雜書，是《學友》、《東方少年》的忠實讀者，小學五年級時開始讀《三國演義》。老實說，這本書當時是超過我的程度的，但我還是辛勤地把它讀完（大概諸葛亮死了之後，就讀的沒什麼興趣吧），十分得意。初中後，我父親替我訂了《中學生》雜誌，大概持續了兩年。我自己另外也常常向一個很好的朋友借《拾穗》來讀，這兩份雜誌對我都產生很久的影響。

　　由於我是在基督教家庭長大的，所以我從小也常讀基督教的《聖經》，比我讀中國經典還要早，到了初二、三時，我已經把全本《聖經》讀完了（雖然《舊約》部分有很多十分乏味）。我因此連帶也讀了不少神學乃至哲學的作品。

　　我記得我在台大時讀了尼布爾（Reinhold Niebuhr）的《人的本性與

命運》(*The Nature and Destiny of Man*)，我以為這是一本在二次大戰期間對美國思想影響非常深刻的書。我曾向人家提及這本書的內容相當深刻，結果有同學對我嗤之以鼻，使我覺得書讀得多，的確有時也會有「那孤獨的個人」（Kierkegaard語）的感覺。另外，我至今仍然記得我進入台大後，向圖書館借的第一本書就是梁漱溟的《東西哲學及其比較》，現在想起來，心中還是很興奮。

2. 您當年參加大學聯招時，曾從理工領域轉向文史學科，這樣的轉換跟您喜歡廣泛閱讀的素養有極大的關係嗎？願聞其詳。

　　我保送到成大電機系，本來是很值得驕傲的事，但是當時正是開始可以讀懂各樣的書、開始思考人生的理想和目標的時候，以致覺得自己很難憧憬未來作一個工程師的人生，所以就決定不如去讀人文的學問。我當時深深覺得歷史、哲學、美術都遠比電機的學問更能觸動我的心靈，所以就決定去重新參加大學入學考試，遂於民國五十三年以文組的榜首考進了台大歷史系。說真的，考上榜首，連我都十分意外。從那時開始，我知道我的一生會是一個大起大落的人生，但所幸我還是忠於自己，還算平順地過了這大半生。

3. 以您個人多年大學授課的經驗並研究中國古代教育史的專業背景來看，您以為「經典閱讀」是大學生不可少的知識追求操練與裝備嗎？為什麼呢？

　　「經典閱讀」十分重要，因為他讓我們看到或學到歷史上的人為了追求知識、智慧和真理，所作的各樣的努力。大部份的人都相信有最終的真理，例如宗教家便以自然律，涅槃（成佛），經典所陳述的真理（像儒家）、道成肉身、或權威等等，當作是絕對的真理來信奉。另一方面，也有人認為沒有真理，或至少一切都是相對的。這種態度特別是在近代歷史學發達了以後，表現得更加明顯。人類進入了所謂的「後現代」，許多學者認為所有的理論，觀點或信仰都是相對的，而否定最後的真理，或者認為至少目前還沒有發現永恆的真理。但不管如何，人類在林林總總的追求真理的努力中留下了種種的記述，這些記述廣泛地影響了後代人的思維，因此成了經典名著，中外皆然。我研究中國教育史，我當然相信如果我們

能從中國傳統教育中看到中國人如何在追求安身立命的道德境界，從《論語》、《孟子》、《荀子》、《老子》、《莊子》、《韓非子》、《顏氏家訓》、《近思錄》、《傳習錄》等等的書中獲取一些靈感，那應該會是十分有意義的事。西方或日本的經驗也都是一樣，只是我比較不是那麼熟悉就是。

4. 您一向如何引導大學生閱讀經典的？而自從兩年前我們交大有了新文藝的課程，您不但主其事，並曾經兩度親自主講名人導讀演講課，請問您是如何向交大學子推介這樣嶄新的課程的呢？

我想「經典閱讀」最主要莫過於對經典內容有基本的把握，並瞭解它在人類的思想史中的地位。前者比較容易入手，而且未必一定需要把全書讀完。一般人可以很方便地藉由二手資料（像「導讀」）來入手。後者比較困難，但是卻不可以忽視；一定要了解一本偉大的著作的歷史背景和它在思想史上的意義。這一樣也可以通過「導讀」的二手著作來入門，瞭解一本書的時代脈絡，知道它所要應對的時代性的問題，以及它的內容如何對永恆的問題（例如真理、生死、道德、倫理、真善美等）發言，那麼便可以說對一本書掌握到它的真諦了。沒有人指導，而貿然讀完一本名著，收益恐怕並不會太大。所以導讀，翻閱參考書是很重要的。

在交通大學，我們開設了「新文藝復興閱讀計劃」，目的除了鼓勵學生多讀一些書之外，還透過舉辦演講，讓學生可以知道書的內容和來龍去脈。我們還請來許多學者專家來演講，他們都是一時之選，所以參與聽講的學生為數不少。假以時日，聽講的同學一定會領悟讀書的真義和其中的樂趣，而且我們更相信日後一定還會吸引更多學生參與這項有意義的活動。

5. 您為何強調廣泛閱讀？其必要性為何？又您同意廣泛閱讀本是精細閱讀的基礎嗎？您想這兩種不同的讀書方式應該互相配合嗎？

一個人可以從深度的研究課題中，來進行對他所專攻的這課題作廣泛閱讀，這是一般學人文科學的人一定會做的事。另一方面，不是專攻人文科學的人，他也可以漫無目的地，讀自己隨手遇上的，感到興趣的書。後者的發展最後也會使得人對某些課題逐漸產生興趣，而變為專精。我有許

多從事理工醫的朋友，他們對音樂、美術、哲學也有深入的研究，心中充滿知識，談吐不俗，這都是從廣泛閱讀而形成的。知識的入門一般都十分困難，確實很少人可以無師自通，但一旦有了初步的把握，或有人帶領導讀，那麼他們便能作進一步的的鑽研，而成為一個高尚的、有格調的、有氣質的知識人。毫無疑問的，廣泛閱讀是達成精細閱讀的基礎。兩者應互相配合。

6. 如何養成廣泛閱讀的好習慣？ 您願為我們的已有書單再補充幾本經典好書嗎?

「廣泛閱讀」的根本在於有一顆追求真理的心靈（an inquisitive mind）。這兩者是相互為用，而扶搖直上的。人一旦開始廣泛閱讀，那麼他便會有更強的求知慾，而強盛的求知慾便會使他更努力想讀更多的書。

交大目前由十位專業人士提供了九十多本的好書，這是一個好的開始，至於是不是值得繼續補充，那當然是需要的，例如上面所說的《近思錄》及《傳習錄》便很值得收入，其他如 Pascal 的《思想集》(Pensées)、托爾斯泰的《戰爭與和平》(War and Peace)等等也都值得閱讀，或至少應該知道它們的內容。

7. 知名學者朱光潛先生的舊作：〈人文方面幾類應讀的書〉（請上網參閱: http://86118391.blogchina.com/186/6670994.html）；雖是舊日文字，仍大有參考價值，請問您對這篇文章有何觀點補充和意見批判嗎？

二十世紀初年，中國由於廢止了科舉制度，大家對於傳統的學問究竟應該如何處理，開始進行反省：除了科舉常用的詩賦及四書五經之外，是不是有那些書更值得讀或至少應該繼續讀，大家都十分關心。所以像胡適、梁啟超他們都曾提出他們的看法，開列一些他們認為必讀的書單。朱光潛先生這份書單也很有用，其中關於舊的中國經典名著及文學的選集，我大致都十分同意。西方的傳統作品也都一樣。

不過人類思潮的重點以及追求知識的方法往往與時俱變，每一代的人對所應閱讀的書難免見解有所改變。所以朱先生對中國文學的戲曲作品，

開列了《桃花扇》，卻不提《牡丹亭》，我們今天便很可能會認爲湯顯祖要勝過孔尚任，這便是一個例子。

如果問我今天對西方的當代或近代所該讀的書，那麼我便可能與朱先生有所不同了。改革開放以後，朱先生第一次出國，到香港中文大學主持錢穆講座，他講的卻是維柯(Giambattista Vico)，可見這本書在他心中的地位，而維柯在近代最重要的繼承人是克羅齊(Benedetto Croce)，但這兩個人的作品朱先生當時卻都沒有提列，可見一斑。

我沒有思考過什麼是該讀的經典名著。事實上，各人（或各大學）都可以提出不同的書目，有時難免令人覺得琳瑯滿目。我想若能收集美國（我不說西方，因爲「閱讀經典作品」在歐洲的中學都已經作得相當全面了，而大學通常只是學專精的學科及研究，不再「廣泛」閱讀經典）各大學的書目，選擇最普遍被閱讀的書，那就夠了。

8. 如果以成爲「博儒」爲求學的志業，您對我們交大青年知識追求者有何積極建言嗎？

我只願再一次用我曾因爲受到福克納的名作感動而得的三個字來鼓勵交大的同學，那便是「讀、讀、讀」（詳參《說書》，p.12）。「新文藝復興閱讀計劃」已經出了一本《說書》，它是從過去兩多年的導讀演講選錄而成，同學們很值得從這本書看起，那麼一定會發現知識的淵博，眞是浩如蒼海；慢慢地經由廣泛地閱讀，而發展出自己一套安身立命的想法，客觀地、理性地、寬容地生活在這個複雜的世界裡頭。

（新文藝編輯團隊清校）

新文藝復興閱讀計劃推動小組

96年11月，很幸運由當時的授課教師－高佩珊老師決定聘用，自此加入了「新文藝復興閱讀計劃」。原本只有兩個工作人員（高老師與我）的「新文藝復興閱讀計劃推動小組」，在董挽華老師加入後，又添了生力軍（董挽華老師也自此擔下這重責直到現今）。到了97學年度上學期，高佩珊老師轉任其他課程，而由胡正光老師接替，同時間本計劃也獲選為教育部97學年度「以通識教育為核心之全校課程革新計畫」優質核心通識課程之一。為了配合革新計劃的課程數位化要求，老師們在討論過後，決定設立本計劃的課程專屬網站（http://web.it.nctu.edu.tw/~nrrp），聘請了郭怡君小姐為計劃架設整個網站，而此後怡君小姐也一直擔任維護網站的大任，不遺餘力地為我們時時更新網站的資訊，提供同學最即時的課業訊息。先後曾擔任助教的何靜雯、馬欣、郭政芬同學，為課程盡了很多心力。現在98學年度，又加入了楊台恩老師與董正婷、黃語慧同學（語慧原本即是推動小組最早的成員之一），一起為計劃努力，因此我們可以說是陪著計劃一起成長，參與的老師或同學愈來愈多了。

推動計劃面臨的挑戰

計劃推動屆滿一年後，我們發現雖然修課同學很多，也陸續有少數同學來認證，但是卻未出現終能獲得學分的同學。我們不免擔心原本課程要

求的四年修課年限，雖立意讓同學們可以在畢業前完成正果，但會不會反而讓同學不夠積極完成認證，甚至到最後面臨畢業，遂全然放棄了。於是董挽華老師與胡正光老師在討論之後，除了調整修課年限爲兩年外，另外爲了加強同學閱讀書籍的動力，也提高了原本書籍的點數，從起初最高點數10點增加到40點，共分了8種點數，吸引同學們可以自由搭配選擇。

除了調整課程的修課要求外，打從開頭我們也推行了不少活動希望鼓舞同學參與。像說書小組，我們邀請了通識中心的幾位活力十足的新老師擔任小組主持人，帶領同學閱讀書籍、共同討論；閱讀四王活動，則鼓勵同學多多閱讀，不只是達到修課基本要求100點而已，而是期望同學能挑戰閱讀更多的書籍、充實自己的視野。經由兩個活動的配合，在97學年度下學期，終於有13位同學獲得學分，其中第一名認證達300多點，遠遠超過課程的要求。雖然經過快兩年的耕耘，才有這樣的成果，但相信這會是一個好的開始，讓我們推動小組即使接下來再碰到挑戰、困難，也可以繼續努力以赴。

與計劃一同成長

用意與我們「新文藝復興閱讀計劃」相似的課程，有幾所學校已經實行過了。我們曾在計劃剛推動的三、四個月後，舉辦閱讀經典的研討會，和各所學校的代表進行討論、交流，雖然我們和別所學校在實施的架構上不太相同，不過經由這樣的交流，學習他校的長處，轉化成我們可以應用的部份，也是收穫良多。

經過近兩年的努力，整個課程的規劃、活動的實施更完善，也漸漸爲大家所知悉，在交通大學推廣著這樣的一個活動。董挽華老師便曾經在97學年下受邀至台北醫學大學參加會議，並在會議上介紹關於新文藝復興閱讀計劃的一切。而這樣的努力還會繼續下去，爲了能有更爲豐碩的成果，我們推動小組會繼續陪同計劃一起成長，感謝參與此課程的每一位！

(作者校對，新文藝編輯團隊清校)

讀經典，更「讀」你我的人生—
論NRRP課程對傳播教育方法學的「八福」

楊台恩（國立交通大學傳播所副教授）

一個人的見聞，決定了他的視野

一個人的態度，決定了他的高度

------佚名

　　從2008年到現今2009年，約有一年半之久，我個人參與了每週三的「新文藝復興閱讀計劃」（New Renaissance Reading Project，以下簡稱NRRP）之導讀演講課程。有人說：「老師，你的聽課熱誠真感人」，我則說：「其實我才被那些世界名著及講述名著的大師所感動」，是因為不斷地受到激勵，不斷地在演講中發現許多可用在我教學上的洞見，也才會不間斷地去參加。其實不止我，好多位師生、職員及社會人士都很珍惜此一特別機會，積極上課並發問！

　　以下是八個催促我去上課的理由，或者說是八種祝福，希望看完後，您也能由衷受到吸引而去上課：

（1）當拿破崙在厄爾巴島（It's all about the second chance.[1]）：

　　1814年5月3日，拿破崙在歐洲大陸戰敗，而被歐洲列強流放到地中

------

1 "Isle of Elba", in Wikipedia.

海上的厄爾巴島，他在島上待了300天，便潛回法國，開始他的第二次大業，所以，厄爾巴島等於給了拿破崙第二次機會。可惜，他未把握機會，再過100天就被英國威靈頓公爵擊潰於滑鐵盧，所以，一提到厄爾巴島，後人就會想到拿破崙的第二次機會。

　　猶記得大學時曾讀過一篇英文文選，其中文篇名為：＜假如我能再當一次新鮮人＞，裏面充滿了作者的悔恨，因為，他當年的大學生活非常荒唐，虛擲了很多光陰在無意義的事上。所以，他寫了這篇文章表達他的懺悔，也告訴讀者他會怎樣珍惜光陰，善用大學生活的每一天 ── 假若他能讓時光倒流的話。

　　每次來上這門「經典名著選讀」時，就讓我想到拿破崙在厄爾巴島與那篇文章〈假如我能再當一次新鮮人〉。可是，與那位作者不同的是：他再怎樣也不能再當一次新鮮人了，而我卻在這門課中，真正重溫了追求知識的快樂與滿足，更有甚者，我在大學外文系不可能上到的：經濟、政治、外交、宗教…甚至電子學、兵學，在此都能聽到。而且，演講完後Q&A的時間，與全校大學生一同提問，也提醒我，其實我是真正回到了大學講堂；差別是，我比這些大學生多了30多年的人生歷練，所以，當年我不知道要問或不好意思問的問題，如今我都敢問了。所以，那是一種「假如重回新鮮人的時光」，也都無法領略的開放與自由。

　　可是，如果我的「開放與自由」影響到了別人（例如：讓某些人無法問到問題）那我深深地致上歉意。我也知道開課的老師有優先照顧學生疑惑的責任，但我想這樣的Q&A如果能夠包容更多不同人的多元觀點與問題，就會更有啟發性，更能激發大家的靈感，使參與者獲益。

　　有人說，「一場演講中未說出來的，有時比已說出來的部份更重要」，而未說出的部份，往往可在演講結束之後的Q&A中，被曝露出來，而如此的曝露又常常發生在多元觀點的充分表達之後。所以演講完後，要注意尊重學生的提問，但也要給其他人充分表達意見的機會。可惜，往往Q&A的時間較短，大家常覺得不能暢所欲言，這是值得主辦單位改進的地方。或許一個改進的小小建議是：由講員先講40分鐘，再進行Q&A 10分

鐘，然後講員再講30分鐘，最後有20分鐘Q&A，如此加起來共100分鐘。

當然，這門課的特殊設計是：每個問問題的人都贈送一本當天演講主題的經典之作，這一點，不得不承認是這門課很棒的設計之一，使每次發問的人都很踴躍。的確，因為要苦思問題，參與者不能也不會打瞌睡，而且也更會勤作筆記；因為勤作筆記有助於發問，勤作筆記與發問，都是再當一次新鮮人所不可少的，不是嗎？

反思一：我在教其他課程時，可否給學生某種獎勵以激發他們問問題，例如：集點可換大獎？（交大真的有教授依表現給學生集點券，而且據說還相當有效呢！你看7-11不也發集點券，而且大人小孩都在集嗎？）

（2）**我也看見了「那隻看不見的手」**：（**經典和你我的人生是有某種關聯的，只是一般人不易看見，但在特殊的光照下，就會看見**）

正好有一次，前後兩次上課，老師們不約而同地提到「那隻看不見的手」，這使我看到，寫這篇文章，或上這門課，似乎都有「一隻看不見的手」在引導著我，否則，一切不會如此水到渠成，輕鬆愉快。

第一次提到「那隻看不見的手」是台大榮譽教授洪鎌德（洪教授據說是馬克斯主義的世界級權威之一）來主講《國富論》(*The Wealth of Nations*)時-----據說，在經濟學的領域《國富論》是經典中的經典。那是2009年五月的事，洪鎌德教授說：「經濟學上有一雙看不見的手，在背後主導著世界上一切的經濟活動，那雙手，其實就是西方人所說的上帝之手」，這是他上完課後，我私下去請教他時，他作的補充-----順便告訴你一個小秘密：下課以後，別急著走，去跟講者問個問題或哈啦一下，往往會有意想不到的收穫，這是我當記者與老師之後，才發現的真理。因為有很多話，不便或不及在正式演講中說，所以留到最後者，往往收穫最大。因為講者會提一些未盡之言，或者提一些私房話〔在新聞界，這些東西就叫做獨家新聞，所以曾有一位老記者提醒我：你如果想寫獨家新聞，就趁只有你和講者兩人單獨相處時，再問他問題，在記者會中，不要傻傻地在

147

所有記者都在場時，把你的問題全部問完。）西諺有云：「忍耐到底的，必然得救。」不知道可否拿來解釋獨家新聞如此這般的取之有道？

第二週，輪到董挽華老師來主講《紅樓夢》，她又提到賈寶玉和林黛玉的邂逅經過，背後彷彿似有「一雙看不見的手」在牽引著，這使我想到中國古話說：「天作之合」、「天賜良緣」、「緣訂三生」、「月下老人」如何如何，這不就是「那隻看不見的手」嗎，只是東西方用的形容詞，敘述的包裝不太一樣，可是本質上都在講「一種超自然的力量」介入了無數男、女的姻緣之中，使得無數對男女奇妙地結成連理。

上面兩位老師的演講激發我寫成了一篇文章，登在交大教務處的《超薄型月刊》上：「一個愛情故事的幕後」（第23期），紀念我和我太太26年前結識並結婚的經過。是的，我們只是一對小人物，沒什麼偉大的功業，然而，那雙看不見的手，也會照顧我們的愛情需要，調度萬有來成就我們的奇妙姻緣。在此同時幫此電子報作個小小廣告，它裡面其實還包含了很多篇精采文章與報導，各位可以上網去搜尋看看，相信會對您大有益處。

反思二：教書過程中，有些事情是否可以不要太強勢？而隨時留意順服「那雙看不見的手」的引導，如此師生關係、教學流程與效果可能會更好、更愉快流暢？

（3）觸類旁通的靈感：

1992年，我正在密蘇里大學攻讀新聞博士學位，因為修課關係，而認識一位政治系的教授。有一天他告訴我，他們系上有一位由芝加哥大學剛拿政治學博士的大陸學者來應徵工作，要在他們系上發表演講，談他自己的博士論文。那時，我正為自己博士論文的題目摸不著頭緒，便去聽聽看，沒想到，當天下午的一場演講，竟讓我找到自己博士論文的題目。

事隔多年，回想起來，似乎又是「那隻看不見的手」在牽引著我去聽那場表面看來與我毫不相干的演講。因那場演講，竟使我研究有了方向，也找到了題目。同理，「經典名著選讀」似乎對我們一般人來說，或對交

大老師來說，似乎距離蠻遙遠的；然而，這門課說不定會激發您一些教學與研究的靈感。畢竟，您會在此接觸歷代偉大的心靈，又有當代一些大師為您導讀作品，用他們畢生的經歷為這些經典作註解。

所以，這門課為我帶來了很多研究與教書（教書方面，很多演講中的例子，我可以在自己的課程中即學即用，後面會有一些舉例）的靈感，真是很值得投資的兩個小時。

反思三：教書過程中，可否隨時留意環境中的cues（可能來自人、事、物或任何東西），使教學更靈活？

（4）Relax：

教書其實也是非常辛苦的事，所以，能夠來到這一堂課，聽聽別人分享完全不同領域的東西（而且每次都不同，正如每次去不同的餐館嚐鮮一樣），這是一種極大的享受與放鬆；知識，其實也有一種「無用之用」。詩人不是說嗎？「休息，是為了走更遠的路！」

反思四：可否把握學校中其他的演講、休閒活動、甚至體育活動，使你的教學因為有更多調劑，而產生更強大的教學動能？正如英文諺語所說，'All work and no play makes Jack a dull boy!'

（5）為教學尋找新點子：
「站在兩棵大樹中間　較易曬到陽光」——黃一農

這門課找來的講員，多半是各行各業的大師，或在特定領域鑽研很久的人，所以，他們的演講，當然是我進修充電的機會，而且，當Q&A時提出疑惑，還會得到一本經典書籍作為鼓勵（通常會送當次演講的主題書）那更是我進一步進修的機會。第一手去面對經典，對生活、對生命反省都是必須的。

正如前面我去聽一場演講，卻無意間找到博士論文題目的舉例，人文類的學科（或者，自然科學亦然）往往經過別的學門交互刺激、啟發，效果更大更好。中研院的黃一農院士來交大演講時，就說：如果他的研究，

不是正好在天文學與歷史學兩棵大樹中間，可以曬得到陽光，那也不會有今天的院士成就。

所以不時聽一下不同領域的演講，開闊你的視野，這對大家的研究、教學絕對是有正面助益的，因為這會使你不致於永遠只待在一棵大樹蔭下，較不易曬到陽光。

2009年12月23日，NRRP請夏燕生教授來演講，她那天的教學法也給了我很大的震撼與啓發。因為2009年秋季，NRRP課程被排在每週三下午1:30-3:20，正是所有老師、學生最愛睏之時，但沒想到她準備了5-6個很精采的問題，叫我們在課堂上兩兩一組討論。當時的時間是下午2:05分，正是瞌睡蟲最猖獗之時，沒想到一討論問題，精采的問題把我們的瞌睡蟲都驅散了。我和董挽華教授都覺得夏教授這一招實在高明，應可用在我們的課堂上，以驅散所有肆虐學生的瞌睡蟲。

反思五：在我的課程中，可否加入一些好問題，在學生昏睡時，兩兩一組進行討論？

（6）大師傳承人生智慧與經驗：（這門課豐富了一個大學老師的人生）

有些東西，書本未必記寫，可能是太瑣碎了，又或者離題了，也可能作者在寫書時仍有某種禁忌與限制，要作者保密；但在一場演講與Q&A中，這些經典作者的生活點滴可能都會曝光，原來書本上當年需要保密的事件，可能也不再需要保密了。

更重要的是，面對面溝通，本來就跟以文字溝通不同，授課大師的語調，他的肢體語言，在在都可強調比書上文字信息更豐富多樣的內容。這使我想到康來昌老師來講《魔戒》那一次，他對自己身材較矮所開的玩笑，使大家都不禁莞爾。

又比方說，台大榮譽教授洪鎌德的演講結束後，在Q&A中，針對一個老師提問，洪教授點明：馬克斯的祖父與外祖父都是猶太教的拉比（相當於基督教牧師）。所以，洪教授的話，似乎提供了一個線索：使我們聯

想到馬克斯如此仇視宗教,可能是因爲他自小在家中就受過很嚴重的宗教壓力,而有時壓力過大,可能反彈會更大罷。

由以上的例子,我又得到一個小小心得:父母親的 over-zealous (過度熱心)往往會毀掉子女對一件事情的胃口,馬克斯可能是個好例子。台灣家家戶戶送小孩去學鋼琴,結果造成某些小孩終身痛恨鋼琴,把學音樂視爲畏途,這種例子也不少。所以,想作成功的父母或師長,你就必須與子女或學生鬥智(新竹市有一位成功讓子女都考上大學第一志願的母親就說,她覺得自己蠻詭詐的,她的秘訣就是:常常叫她孩子不要那麼用功!)千萬別因爲過度熱心,而壞了他一生對一件事情的胃口。

反思六:除了課程內容本身,能否讓學生在更寬廣的範圍,作跳出框框的思考,也就是to think outside the box?

(7)在九把刀的演講中,學到寶貴的一課:原來名人與大師,也可以是我的學生─教書者,豈可不戒愼恐懼哉?

有一次我去聽演講,交大浩然國際會議廳竟然爆滿,我才知道那天「經典名著選讀」請來九把刀演講,他講得當然非常精彩,爆笑不斷。我知道唸國中的兒子常在網路上讀他的小說,所以他講完我也上前去加入請他簽名的長長人龍。當輪到他爲我簽名時,他說:「老師,您曾教過我,您還記得嗎?」

我說:「啊!真的嗎?我不記得了!」原來,他本名叫柯景騰,是交大管科系的學生,在大一或大二時修過我的課,但他開始寫網路小說,是在大五以後的事。所以,我完全不知道自己教過九把刀,因爲他當年叫柯景騰,也還沒寫任何小說。

九把刀的例子使我驚覺,任何一個我的學生,將來有一天可能會成爲一位某個領域的名人或大師,爲我簽名留念呢!而且,我所教給他們的東西,有一天,他們可能在自己的演講中,把它加倍回饋給觀眾與社會,甚至回饋給我。那我怎能不小心戒愼地注意:自己到底傳給學生何種information 與 message 呢?而我又給了他們何種言教與身教的典範呢?

反思七：教書是使學生能站在巨人的肩膀上，往上不斷發展，這需要為師者不斷犧牲自己，成為學生的肩膀；但老師也要不斷思考，做為肩膀給學生站，自己可否站得更高？如何站得更高？

（8）It Opened Up My Inner World.[2]

當我不斷去上經典閱讀課，並勤作筆記時，我發現：這門課的筆記打開了我的內心世界，使我不斷在心中與經典、講者、自己與提問者對話。

後來我才意識到，內心世界的打開是何等重要，因為這樣你才能不斷地接收到信息、靈感，而這些都與認真聽這門課、並作筆記有關。相形之下，筆記記下多少重點、多少Information（資訊），那反而是較淺層、較次要的關懷了。更深的關懷，是您由此演講，得到何種 INSPIRATION（靈感），因為 Information 易得，可是，INSPIRATION 難求啊！

所以，我鼓勵您，下次帶著筆記本和兩枝筆，去聽一堂NRRP，並勤作筆記，您也會體會到打開內在世界的快樂！

簡媜與馬英九的小秘密

也是在一場演講中，我有幸聽到一個小秘密：名散文家簡媜就是個勤作筆記的人，而且她隨身攜帶五本筆記本，依主題，把每天所接觸到的人、事、物（例如：去一個餐館吃午餐，她就能收集到鄰桌客人的對話、穿著打扮、餐館裝潢、餐廳外的景色，及當天天氣如何等等）分門別類地詳細記載在五個本子中。相信簡媜能寫出那麼多本書，跟她用五本筆記本去蒐集來的多元豐富又分類整理好的素材，應該有關係。

當然，在抄筆記的過程，相信簡媜也會經歷到她的內在世界打開了，有更多寫書的點子會泉湧而出，而她的思想也更活絡，那才是更大的收穫──也難怪，馬英九也隨時在勤作筆記，相信他早就經驗過這種內在世界打開的快樂了。政論節目中那些攻擊他常作筆記的人，不知曾否經驗過這種內在世界打開的快樂？

---

2 參 the Appendix in Mills, C, Wright (1959), The *Sociolgoical Imagination*.

反思八：NRRP或許是一個房間，裡面充滿了一扇又一扇的窗戶（經典）；
當你認真聽，並勤做筆記時，一扇又一扇的機會之窗便會為你而
打開。所以你會不會興奮無比，迫不及待地想要衝入NRRP這個房
間，加入這開窗（經典）之旅？

小結：**You don't know what you are missing, if you don't come to the class** .[3]

「經典名著選讀」這門課要特別感謝交通大學吳重雨校長砸下重
金，禮聘校內外菁英來共同開設課程，除了造福交大學生之外，也造福了
教職員與大新竹地區的朋友、校友（還有校外人士每次特地從苗栗開車來
聽課呢！）以上簡單敘述了我在這門課中的收穫與體會，但其實，相信那
些每周報到的校外人士，與其他的校內外師生，他們的收穫還更多更大，
只是他們還沒有正式發表而已。說不定，再三、五十年之後，有一位學生
/或校外人士會說，他當年就是受此課程的激勵，所以，才在三十年後得
了諾貝爾獎呢！Who knows？

所以，在此呼籲所有的讀者，好好把握此難得的充電機會，來旁聽
或選修這門課程，如果實在不能來，也該在I'm TV上先看看過去的線上
演講，相信您也會有豐盛的收穫。但當然，線上看跟現場上課，那收穫還
是不一樣的，互動性就差了很多！此外，現場還可以拿到經典書的提問獎
品！

親愛的讀者，您能夠讀到這裡，相信您對追求人生的真知識、真智
慧，一定抱持著一種渴慕的態度。恭喜您，因為一個人的態度決定了他的
高度。《聖經》說：「尋找的，就必尋見；叩門的，就給他開門」（馬太

---

3 本文舉例提到的幾場精彩的演講，羅列如下，讀者如有興趣，仍可上交大的網站，或去I'm TV收看網路線
上演講：

(1)洪鎌德 5/6/2009 《國富論》

(2)董挽華 5/13/2009 邂逅：《紅樓夢》第二、三回的比較文學觀察

(3)九把刀 10/15/2008 依然九把刀

(4)夏燕生 12/23/2009 文學的《聖經》‧《聖經》的文學：英美詩歌中的天籟

7:7）相信以您的態度，來參與這堂課，一定會有非常大的收穫，得到很大的啓迪。祝福您從現在起，有個豐富的經典之旅！

（2009.8）

（妝莊校對，作者清校）

使經典復活：
閱讀經典，通達人生

彭明偉 （國立交通大學人社院社文所助理教授）

　　我有幸參與本校的經典名著導讀講座活動前後將近一年，當過台下的聽眾享受心靈饗宴，也曾粉墨登場充當台上的講員，我相當肯定主辦單位的構想與用心。在這凡事務求功利的年代，在科技商業掛帥的交大校園裡，我想校方願意投注大量人力苦心經營這樣的經典名著導讀講座，必然有其過人的理念與不凡的遠見。

　　對於經典，大家的認知或許不盡相同，甚至在不同的民族與國家之間，人們對於經典的定義也存在很大的分歧。對我個人而言，所謂的「經典」最鮮明的特徵便是記載了人類文明的智慧，數千年來人類所留下的這些文字遺跡能為我們現代人提供源源不絕的啓示。只可惜一部作品一旦被列入經典之林，往往便令人心生畏懼，甚而被誤解為政治道德教條，徒增人反感。我以為經典絕不是教條，現代人若善於閱讀經典，將能活用古人的智慧，為自己的生命解惑，也為美好的人生鋪路。

　　為了讓一般學生和社會大眾親近經典、享受閱讀的樂趣，主辦單位精心設計每週的菜單，特別邀請各行各業著名的專家學者不遠千里而來，為廣大的聽眾們導讀。他們各自運用獨到的方式講解各種人文與自然經典，只為聽眾指出一個方便法門進入經典深處，希望聽眾能與古人的心靈契合。例如，同樣講解文學經典，王文興與彭鏡禧兩位教授的路數便迥然不同，各有千秋。王教授注重精讀細品，對於語言文字之細節推敲極為講

究，別說是一字一句，甚至一個標點他都不願輕易放過。我自己是王文興老師的小說迷，以前聽說王文興老師在台大講課時有這樣的「怪癖」，百聞不如一見，有幸聆聽他談中國筆記小說後獲益良多，我想說「領教了」。彭教授講莎士比亞的悲劇著重在作家歷史背景和劇本的大結構，兼及詩句賞析，他談論文學的方式深入淺出，眼界顯得更為開闊。彭鏡禧老師不只是介紹莎士比亞，同時也讓聽眾認識英國歷史文化的重要概念。一系列的經典講座堪稱薈萃了當今文化界的精英，就我所參加的場次而言，演講者均有深厚的學養與豐富的閱歷，在台上展現出各種迷人的風采，向聽眾娓娓道來經典的現代意義。

台上的演講固然精彩，但只是一個起點，主辦單位和演講者最終希望的是聽眾能拿起書本，親身享受閱讀的樂趣。倘若台下的聽眾僅止於耳聞，聽過演講之後未能親身用心翻閱作品，那麼經典教育的功效必然是要大打折扣，徒然辜負主辦單位的一番美意。這是我自己做為聽眾在聆聽精采的演講後的一些隱憂。我想老話一句，「師父引進門，修行在各人」，凡欲有所收穫，自己必先有所付出，閱讀這種活動尤其如此，再高明的學者也無法為自己代勞的。需知沒有人可以代自己閱讀，沒有人可以替自己思考，讀者必須花時間下功夫，躬親實踐，一字一句閱讀，在閱讀過程中和古人一塊思考才能有所收穫。這種閱讀的功夫是在台灣以考試為導向的教育體制中所最為欠缺的，許多同學即使考上了大學，能夠讀書識字，但不表示就必然具備閱讀能力。會考試的學生將來不一定是會思考的國民。

現在許多人較為關心的是哪些書應該列入經典之林，或是自己讀過了哪些經典。什麼是經典或「讀什麼」的問題固然重要，我想「怎麼讀」的問題對台灣的大學生而言是更為迫切的課題。泛觀博覽若只是走馬看花，也只能說是白白浪費讀者的時間，所謂的經典也淪為一種附庸風雅的表面裝飾，而未能讓自己窺見人類文化的堂奧。我想徒聞十部經典的名稱，對其中的內容概要一知半解，還不如自己耐心翻閱一部經典，畢竟讀書不必貪多，貴在能夠通達，然後真有所得。

由此說來，我以為讀書為學的目標首在通達，能將經典閱讀與個人生命經驗結合，能使古人的智慧為己所用。若不為了考試，建議讀者首先可

挑選自己感興趣的經典著作,不必為經典而經典硬著頭皮啃食所謂的名著經典。其次養成懷疑與研究精神,讓自己善於思考,進一步培養獨立的判斷能力。最後,能與師友同儕相互討論切磋。古人說「獨學則無友」,在與他人討論過程中,才能重新檢證自己閱讀之所得與不足。我想閱讀能力應在此基礎上建立,逐步培養,讀者行有餘力則廣泛閱讀,博聞雜學,鎔鑄古今中外於一身。

最後不能免俗地補充幾句,我希望經典名著導讀講座能獲得更多支持與更多讀者的參與,畢竟這般人文與自然經典導讀講座是一種長遠的投資,其目標不只是要給聽眾魚吃,也要教給聽眾釣魚的方法,教導聽眾讀者如何活用經典,使經典復活。我也期盼喜愛這個講座的讀者能夠充分享受閱讀的樂趣,在閱讀過程中努力溝通經典與我們當下日常生活的關係,使經典真正普及化而成為日常生活的一部分,最終將經典化於無形。

(新文藝編輯團隊清校)

(編按:本文所提及的三堂導讀演講是:

1. 王文興 6/4/2008 《中國筆記小說》例講

2. 彭鏡禧 4/8/2009 愛與寬恕:莎劇《李爾王》啟示錄

3. 彭明偉 6/10/2009 《邊城》:沈從文的文學桃花源)

午後的哲學書房

王冠生 （慈濟大學通識教育中心助理教授）

午後的交大很哲學！

一群喜歡思考、熱愛閱讀的同學，每週三午後聚集在綜合一館624室（筆者的研究室），分享閱讀《蘇菲的世界》(Sophie's World)的心得，討論書中所引發的各種議題：上帝是否存在？世界上是否具有客觀真理？感官經驗可靠嗎？人生是否只是一場夢境？什麼是幸福人生？人有自由意志嗎？…等等。雖然每次的討論常常在更多的問號中結束，但這並不會減損同學們的熱情，同學們不但樂此不疲地參與聚會，還為這個讀書會取了一個溫馨的名字——「哲學書房」。

「哲學書房」的緣起，是為了協助執行「交大新文藝復興閱讀計劃」。兩年前，在吳重雨校長的推動下，交大設置新文藝復興閱讀計劃，積極鼓勵學生閱讀經典。不過，經典原本就不容易閱讀，再加上交大學生課業繁重，若欠缺有效且具吸引力的導引，同學們不易投注心力去閱讀經典，這將使得新文藝復興閱讀計劃的成效大打折扣。因此，幾位通識中心的老師提議成立讀書會，由老師親自帶領同學讀書，藉以提升同學的閱讀興致，體會閱讀經典的樂趣。

筆者的專長是哲學，在選擇書單時，自然以哲學書籍為主。由於交大同學多半是理工科系的學生，因此筆者刻意避開大部頭的巨著，以避免因為哲學理論的艱澀難懂，一開始就造成同學的敬畏感與疏離感，甚至破

壞同學的閱讀胃口，無法踏入哲學的殿堂。相對地，筆者選擇一本容易入門的小品——《蘇菲的世界》，此書最值得稱許之處在於：作者以小說體例介紹艱澀難懂的哲學理論，文字清新卻不失理論深度，讀者在閱讀過程中，就如同閱讀偵探小說一般，隨著書中人物的對話，輕易地進入哲學堂奧。雖然有部分同學在高中時期讀過此書，不過，筆者相信好書值得重複閱讀，在不同階段讀同一本書，會有不同的收穫與感動。尤其是在老師深刻的導讀與同學熱烈的討論下，必然會有更豐碩的成長。而這樣的設計是期望同學在輕鬆卻不失嚴謹的氛圍中進入哲學世界，等到累積一定的基礎後，未來再挑戰進階的哲學經典。

雖稱《蘇菲的世界》為小品，但全書亦有七百多頁，內容涵蓋古希臘迄今兩三千年的哲學史，若要精讀，亦需投注相當的心力。為了便於討論，我們按照哲學史的發展脈絡，把全書分成六大單元：第一單元為蘇格拉底之前的希臘哲學；第二單元為希臘三哲——蘇格拉底、柏拉圖、亞理斯多德；第三單元為中世紀哲學；第四單元為笛卡爾、史賓諾沙、洛克、休姆、柏克萊的理性主義與經驗主義；第五單元為康德、黑格爾的德國觀念論；第六單元為齊克果、尼采的存在主義及其他當代哲學。每週討論一個單元，進度約一百二十頁。而每次的聚會分為兩個階段，第一個階段先提問，同學們可針對本周進度中不清楚的概念、語詞、語句、理論提出來討論，先釐清字面意義。在清楚各個概念、語詞、語句、理論的意義之後，第二個階段請同學分享自己的想法，同學們可批評哲學家的觀點，亦可為哲學家的主張辯護，或是提出個人思考後的結晶。筆者期望透過這兩個層次的訓練，不但讓同學認識西方重要的哲學理論，同時也學習批判性思考的精神；不但體會閱讀經典的樂趣，同時也學習分析問題的技巧。尤其哲學最強調的是論證，在討論的過程中，態度必須客觀，但是立場不必中立。同學們可以也應該在理解、評估、討論各種哲學家的主張之後，選擇一種與自身心靈契合的理論，藉以指引現實生活、點燃心靈明燈、解答人生困惑。

一學期運作下來，很高興看到同學們思維的進步與心靈的成長。八位同學分別來自於不同科系，涵蓋自然與人文領域，擁有不同的知識與

信仰背景，在討論過程中，也能夠從多元的觀點出發，激盪出精采且精緻的智慧火花。讀書會結束之後，每次都會請同學做簡單的記錄，並將自己的心得與其他夥伴分享；從這些分享中，可以看到同學的成長與收穫。例如期初閱讀完古希臘哲學家素樸的自然觀之後，電子物理系李衡同學指出：「學自然科學的，大都應該聽過自然學派跟德謨克里克的故事，除了好奇心，最驚人的是他們的觀察力。雖然他們有些想法看起來有些可笑、有點科幻，不過我也在想，假如是我，我會怎麼去分析這個世界的物質？或是我根本懶得去理這些事情？…回歸現實，或許這些哲學，在一個人的一生中可有可無，但我想保有好奇心卻是重要的，不管是增加創意，或是比別人更能觀察出細微的事物，就現實來說，都是很好的工具。」期末討論完存在主義之後，外文系詹以晨同學指出：「身為基督徒的我，之前總認為存在主義是不倫不類的東西。可能是受到尼采『上帝已死』的震撼，讓我覺得存在主義不應該存在。但今天的讀書會，卻讓我對存在主義哲學家（的想法）全然改觀。例如沙特主張『存在先於本質』，也就是說，他以為生命的意義由我們自己來創造，而存在的目的就是要創造自己的生命。」

「哲學書房」落幕之時，同學們還熱烈地討論下一階段的書目，甚至有人主張籌辦哲學社團。在一個以理工科系為主的大學，看到同學們對於哲學如此的喜好與投入，是我參與讀書會最大的樂趣；而同學們的進步與成長，也是我投入讀書會的最大動力。回想上學期，星期三午後短短一個半小時的聚會，成為我每星期最期待的時光。而這段午後的哲學饗宴，為我的研究室帶來了歡樂，帶來了生氣，也帶來了智慧。不僅讓我充分感受到蘇格拉底與青年朋友分享哲思的快樂，也為我編織了一段特殊與難忘的午後回憶。

（新文藝編輯團隊清校）

「天光雲影共徘徊」：
暑日訪問王文興教授，
談賞讀經典文學和經典電影

黃語慧（採訪／撰稿）　　　董挽華（問題設計）

　　二〇〇八年六月四日，身爲知名作家，也是台灣大學外文系退休教授，曾獲台大贈予榮譽博士學位的王文興教授，應交大新文藝復興閱讀計劃之邀，蒞臨本校，發表「中國筆記小說例講」一席演講。原本預定講＜蕭史＞、＜伎者歌＞、＜西昌寇＞、＜記夢賦詩＞、＜夢中作靴銘＞、及＜題李岩老＞[1]六篇，後因時間有限，講解內容又極爲豐富，王教授僅分析了前兩篇。現場來賓的交大教授群之中，有多位台大外文系校友，或是當年在台大曾受教於王文興教授的老師們，包括新文藝復興閱讀計劃任課教師之一董挽華教授、外文系張靄珠教授、及傳播研究所的楊台恩教授等等。王文興教授的講課精采詳盡，自成一格，個人平日精讀經典的工夫，表露無遺。

　　王文興教授在大學時期即與外文系同窗白先勇、歐陽子、陳若曦等人創辦《現代文學》雜誌，領銜投身現代文學創作。代表作有《家變》、《背海的人》、以及短篇小說集《十五篇小說》。大學畢業、服役後，即往愛荷華大學英文系創作班深造，獲藝術碩士。返國後，任台大外文系教職至二〇〇五年，講學、寫作不輟，影響台灣文壇後輩甚巨。前年（二〇〇九年）獲得第十三屆國家文藝獎，文學成就深受肯定。王文興老師的

---

1 ＜蕭史＞，出自劉向《列仙傳》；＜伎者歌＞，出自陳衍《遼詩紀事》；＜西昌寇＞，出自陳衍《元詩紀事》；＜記夢賦詩＞、＜夢中作靴銘＞、＜題李岩老＞三篇，皆出自蘇軾《志林》。

生平與文學預計由本土傑出導演林靖傑以記錄片的方式呈現，敬請萬方期待（編者案：此記錄片目前已正式推出）。

　　王教授終身將「精讀」經典奉爲個人閱讀的最高指導原則。在《家變》一書的新版序中，王教授寫道：

因爲文字是作品的一切，所以徐徐跟讀文字纔算實實閱讀到了作品本體。一卷四個樂章的協奏曲，你不能儘快在十分鐘以內把它聽完。理想的讀者應該像一個理想的古典樂聽眾，不放過每一個音符（文字），甚至休止符（標點符號）。任何文學作品的讀者，理想的速度應該在每小時一千字上下。…

一小時一千字。你覺得吃驚嗎？——你也吃了一驚了！[2]

　　新文藝復興閱讀課程，期藉此一訪問，請王文興教授與交大學子們分享他賞讀經典文學與電影的態度、體會與收穫。

二〇〇九年八月廿二日下午，於台大鹿鳴堂咖啡店接受採訪的王文興教授。桌上的《孟東野集》是十多年來先生書包中必備的一本書。

---

2 王文興，《家變》，頁2。台北：洪範，民國六十七年。

——王教授，因我們生也有涯，而學也無涯，您同意我們大學生需要挑選
　重要的經典文學來閱讀賞析嗎？而您個人對這其中的「經典」二字，
　可以下一個簡要的定義嗎？

　　這個問題大約可以這樣回答：你要讀經典，而經典從哪裡來？文學史
是一很好的參考依據，所提供的一定都是經典的著作。若文學史特別花上
一些篇幅來討論的作品，當然重要性也就更大；重要性愈大，你就愈應該
讀。文學史上羅列的著作很多，要讀完也很不容易，這時就需要做選擇。
做選擇的時候，興趣相投的較好。若你打開一本經典著作，愈讀愈受吸
引，覺得非讀不可，很願意往下讀，就先讀這一類的。難讀的，等將來有
機會，哪天也許可以讀得懂。我常告訴學生，讀書，就是要讀一本「你昨
天讀不懂，但今天能讀懂的書」。

——是什麼因素使一個學生得以從「讀不懂」進步到「讀得懂」呢？

　　這是閱讀的累積。經驗愈多，懂的可能性愈高。但有的時候並不是
經驗的累積，而是機會。可能你讀一本書的時候，當下有點匆忙，不能
了解書上所說的。等到有一天，讀的環境有利於你（編者按：或是靈光
乍現？），使你豁然貫通。這豁然貫通不見得是進步，只能說是機會。但
「閱讀的累積」的可能性還是最大的。

——您本人從閱讀經典中，得到極大的助益為何？是大到因而定奪了您個
　人的生命信念嗎（如您選擇皈依天主教）？

　　每部經典都是高度的寫作藝術。閱讀的過程中，你可以體會此種藝術
的美感，這大概就是所有文學經典所能帶給人的最大優點。除此以外，閱
讀也有一些更現實的目的。這現實的目的就是，如果你有興趣寫作，閱讀
是必經的學習過程，讓你學習更多的寫作技巧，對個人寫作一定有幫助。

　　但是，閱讀的經驗是不是影響到個人的信仰？這就不一定。因為信仰
有很大一部份是從生活經驗之中來的。但是，想要擁有信仰，閱讀前人的
宗教經典是有幫助的。這幫助也是來自多方面的。有時，甚至閱讀一般著
作對信仰都有幫助，有時候，若讀專門的神學著作，就更有幫助。

——我們由《王文興的心靈世界》一書得知，您每天寫作三小時，寫完休息一小時；再閱讀兩小時，休息一小時。當時讀書、寫作的習慣，到今日都還是一樣嗎？為何如此分配時間？

對，到現在也都還是差不多。事實上，經過這樣的閱讀與寫作，一天的時間已經所剩不多了。假如一天有更多時間的話，當然就可以讀、寫更多。

——為何是閱讀兩小時、寫作三小時這樣的比例呢？是不是「讀」與「寫」可以相輔相成呢？

對。照這個比例來看，可以說這兩種是相等重要。只限二、三小時的原因，就是，若超過分配的時間，負擔就太重。對我來講，閱讀超過兩個小時，效率就不好，也會疲勞。寫作也是。能夠全力寫作的時間，最多大概也就這個時限，超過了也力非所能。

——你會建議學生在閱讀時也一併寫作嗎？

可以的。對任何人來講，只要他有能力提供這麼多的時間，他應該及早這樣分配。

——您說的「寫作」，是指記錄與閱讀的內容有關的東西嗎？對任何一位普通大學生來說，記日記是聯絡「讀」與「寫」的基本工夫嗎？

對。因為這很現實地可以幫助寫作能力的改善。在閱讀上，更有必要偏重文學的閱讀，文學上又需要特別偏重小說的閱讀。

對一個學生而言，記日記可以幫助思考，整理經驗，也可以練習筆墨。也有可能，這些寫作材料未來在創作時可以用得到。

——僅僅記錄下生活上的事，也可以鍛練筆墨嗎？

日記確實有兩種寫法。普遍的觀念裡面，日記純粹是記錄一天做了哪些事情，這樣的記錄，頂多只是製作備忘資料而已，對寫作一點幫助都沒有。不如把日記寫成一種隨筆，想到、看到重要的事，才寫下來。這樣的日記，沒有回憶、備忘的功能，但能夠整理自己的思想並練習自己的文

筆。所以，日記應採手記式較好，而非流水帳式的。

——所以，您寫日記是否就像是在寫散文呢？

也許可以這樣講，但是會比較自由。是片段的，不用像散文那樣有頭有尾。當然，日記也會有它的結構，卻是小規模的，要求沒有那麼高。

——我參照《王文興的心靈世界》一書，推想您同意西方高等人文學府裏，對於人間學問秩第之大區劃：神學引導哲學，哲學引導文學與歷史，是嗎？這其間的秩第先後井然，有其必然性嗎？

可以這樣看。對一般人來說，如果並不有志於文學，哲學也許更為重要。我認為神學較哲學更加重要，這也許是我個人的看法，或者是很多神學院、以及牛津、劍橋這些宗教大學的看法。美國的哈佛大學、耶魯大學，他們也採此看法。當然，這也是宗教大學本身的看法。這個秩第之所以如此，站在宗教的立場來看，畢竟有它的理由：畢竟認為，關於神的哲學，要比任何其他的哲學更重要。

——您認為哪一方面哲學對學生比較重要呢？

我倒是覺得，哲學若要入門，不管一個人有沒有信仰，還是應該從神學開始。我所說的神學，並不偏指基督教神學。任何的宗教的哲學，都是有相當價值的哲學。這樣的哲學，一定會討論人生的神秘與人生的起源、何去何從。「何去何從」這個問題很大，要先知道這個問題，人生才有方向。這個問題並不是空洞的、虛無飄渺的，而宗教哲學可以給你解答。所以，理工科的學生也可以著重閱讀宗教哲學。

例如，中文書裡頭，最方便的還是中國的「子書」，還有中文的佛經、佛道一類的書。任何同學，不管信不信佛，只要他拿起佛經來讀，都會有幫助。拿起道書來讀，也絕對有幫助，因為它同樣是解決這些人生的問題。基督教的書籍也是一樣，開卷一定有益。讀《聖經》是最好的，只可惜，《聖經》雖是最好，卻也最是難懂。就怕有學生讀《聖經》，年齡不夠，經驗不夠，容易覺得索然無味，或覺得《聖經》又簡單、又天真。

所以，《聖經》可以讀，但是我覺得不容易；佛道也可以讀，但是我覺得語言上也不容易。那麼，什麼可以讀呢？儒家著述可以讀，宋明理學可以讀。宋明理學的中文沒有佛道那麼深，其中有一半是用古人的白話寫的，討論的也是關於生死的基本問題。所以我倒建議可以從宋明理學入手。

如果一個人已經有信仰，例如佛、道，他也許覺得佛經並不難。如果他是基督徒，每週去教會，也許他對《聖經》也並不陌生，說不定有能力可以了解《聖經》，乃至於了解基督教所有的神學經典。在西方，如果一間教會的牧師是個負責任、能力很高的牧師，他每個禮拜天的傳道文就足以提供我們每週大約半小時左右的人生基本問題的討論。

——交大的同學們好像不容易聽到這樣的傳道文呢。

但是，我知道你們有很多基督徒同學在《聖經》方面很強，參加這樣的基督徒聚會也很划算。我還知道臺灣有一些教會，禮拜天的講道並不差，或是偶然會有很好的牧師；就算本地沒有，也有海外來的，偶然給一個傳道的演講，這機會是很難得的。

——若這「學問的秩第」是有條不紊的，那爲何華人的高等人文學院裏，作爲最高層級的神學，反而嚴重缺席了呢？對於如此缺失，您以爲應如何彌補？

這是因爲中華文化如今是個不倫不類的文化。我們本來有宗教。原先，中國幾千幾百年來，說什麼都有佛道。但自從清末，或者可以說從五四運動以來，中國人徹底打垮了自己的文化，外來的文化又讀不懂，就產生文化眞空的現象。在中國方面，恐怕只有依賴宗教大學來做這方面的補救。現在，佛教有佛教大學，基督教也有基督教大學。他們會把宗教放在課程的領導地位。

——您覺得在一般的大學中補救這一點，很困難嗎？

只要做到不偏不倚就好。幾個大宗教的課同時開，讓大家同時選，當成一種基本的哲學課來開，讓學生自由選擇，也沒什麼不對。一個基督教

的學生讀一點佛經，對他沒有傷害，因爲很多道理是不謀而合的。同樣，就是強迫和尚、尼姑修《聖經》課，那也是絕對人道的，絕對合乎教育的要求，也不會牴觸他們的宗教。

——您曾宣告：「**我的藝術良心高於社會良心，而宗教良心又高於藝術良心**」，那麼，您個人生命態度與選擇之如此排序，與上述的神學、哲學、文學和歷史學的排序，兩者可有相通之妙嗎？

我說這話，是有時間性的。當時訪談的時候，大概是台灣社會很要求「文學要有社會良心」的時代。我認爲社會良心固然重要，但是藝術應該有更大的自由，可以選擇社會主義藝術這條路，也可以不選擇這條路。所以，當藝術家面臨藝術價值和社會主義的選擇時，還是應該以藝術爲重。

至於說宗教高於藝術，這是個人生活的選擇。也就是比重上來看，宗教的比重應該高於藝術。兩相衝突的時候，就必需選擇宗教。一般說來，宗教和藝術不大容易有衝突。

——**什麼情況下會遇到衝突呢**？

這個衝突最明顯的例子，就在於某些教會有一些書本、藝術品、電影的檢查，然後，以宗教的立場，建議、或規定什麼可以接受，什麼不能接受，什麼可以讀，什麼不能讀。此時，藝術與宗教兩者要選擇的話，也許應以宗教爲先。

原因在於，一個有信仰的人的生活，必須以宗教爲先，這是他的宗教對他的要求。或者可以說，我認爲，若你眞是一個有信仰的人的話，你就別無選擇，因爲你以宗教生活爲重。你既然以宗教生活爲重，就要以宗教的戒律爲重。以宗教的戒律爲重，就不能再考慮藝術的價值有沒有受到傷害。

但是，一般宗教也都還明白、明理，不會動太嚴的標準。它的標準多半是爲兒童和青少年而設的。所以，對一個成年的藝術工作者來說，大概很少會遇到這種衝突。如果有一位藝術工作者，面臨此種選擇，他必需選擇宗教是因爲他必須爲他家裡的兒女選擇。至於他個人，這個問題幾乎不

存在。因為，教會多半只是針對青少年才有種種規定。對於真正的藝術工作者，教會不會有這樣的規定。

——又為何您說：「宗教遠勝文學」呢？

這是在說人生裡的重要性。一來，當宗教與文學有衝突的時候，應以宗教為先。二來，有些神學提供的道理，其價值應該超過於文學藝術的美學的價值。

——王教授，請舉例細談廿世紀重要的神學家、思想家與文學家C. S. Lewis及其經典著作，對您信仰之抉擇和人生觀之去取的啟發與影響究竟為何？

我對宗教的了解，來源是多方面的，不限於是哪一本著作。如果個人有什麼結論，也都是由多年的體驗所得到的。此一結論究竟從哪本書來的，這很難說。甚至此一結論是從哪一個教派來的，也很難說。可能我的某一思想，根本就是從佛道來的也未可知。

我想，C. S. Lewis的著作並沒有影響我的信仰，而是其著作本身極有深度，極吸引人。這種深度也是普通的哲學著作吸引人的地方。

——從您個人的論述文字裡，我得知您以為：高等學院的文史必讀書目裡，其間不可或缺的內容元素是兩者—「文學作品」和「哲學著述」是嗎？而且，凡內容缺少戲劇性和詩意的作品，又是應該避免的，對不？也請舉二例說明。（後者如：您曾說《伊凡伊列區之死》(*The Death of Ivan Ilychi*)和《克羅采奏鳴曲》(*The Kreutzer Sonata*)，皆是托爾斯泰晚年的名著，但其藝術成就即因內容缺少戲劇性和詩意而有所缺失了。那麼可還有其他帶著如此缺失的案例嗎？）

是的。凡文學作品值不值得讀，有沒有價值，確實在於「戲劇性」與「詩意」。如果著作本身缺少戲劇性或詩意，那就不到水準，價值一定可疑。當時我舉出這兩篇（《伊凡伊列區之死》和《克羅采奏鳴曲》），大概也是因為它們的文學價值沒有一般人講的那麼高。雖然我認為這兩篇不

怎麼好，但托爾斯泰的戲劇卻非常好，他的戲劇都是道德的戲劇，道德的戲劇性很強。他早年一部小說《哥薩克人》(The Cossacks)，詩意也優美。

當然，也有可能我的判斷不可靠，因為每個人的閱讀都會有不可克服的障礙。有時候是經驗還不夠，有時候是天時地利不合，多半情況下，前者是非常可能的。到目前為止，還是有大量的經典文學我沒有能力了解。原因很複雜。但是，不管我能不能了解一部經典，經典本身之所以能受人推崇，得以成立，的確還是在於方才說的「是否具備戲劇性」，以及「詩意夠不夠濃厚」這兩點。顯然，有很多經典名著，雖然別人肯定它們有這兩個優點，而我卻還有一些誤解，還沒有能力體會這兩個優點──這是很可能的。

就算是最高明的文學批評家，他們也會有這個問題。舉例來說，有人說佛樓拜爾的《包法利夫人》(Madame Bovary)寫得非常好，也有人說，不然，另外一本《情感教育》(A Sentimental Education)，才是寫得好，眾說紛紜。大約有一、兩百年的時間，《包法利夫人》是公認較好的，而現在這幾十年，漸漸有很多人覺得《情感教育》更好。這都是許多重要批評家的看法。對於這兩本書，我個人也覺得《情感教育》比較好。我看到《情感教育》的優點，然而，還有很多的名著，它們的優點和我還有很大距離，最明顯的例子就是莎士比亞跟彌爾頓。我想，這不是他們兩人的問題，而是我個人的問題。

──這些問題對於學生來說，永遠是一個很大的問題呢。我們經驗不夠，往往還看不出文學作品的好。

的確。從普通的學生，一直到頗有聲望的大學者、批評界的名人，都有同樣的困難，只是比例的差別。粗讀經典的人，必定十之八九都看不懂。比較有經驗的學者、批評家，則是十之八九可以看懂。就算是重要的學者，他們也沒有辦法全部了解。除了能力、學力、以及剛才說的天時、地利因素以外，可能還有讀者與作者性格是否相近的因素在。

──也就是說，若是讀者的個性和作者較接近的話，較有機會看出作者文筆的精巧嗎？

是。例如宋朝的歐陽脩，就完全不能接受杜甫，恐怕李、杜他都不怎麼欣賞。這大概是性格不同的緣故。順便提一下，杜甫的地位在唐朝並不高，就是唐末的人，也沒有把杜甫抬得太高。每個時代的人都有不瞭解杜甫的問題。歐陽脩是個比較明顯的例子。

——「精讀」經典文學是賞讀文學之不二法門嗎？（您認為理想的閱讀速度是一小時一千字）如何養成如此素養？

對。這恐怕是唯一可以了解文學的辦法，也可以說是讀書唯一的辦法。哲學非這樣讀不可。人文科學也一樣。經濟學、社會學，能夠快速的一目十行地讀嗎？那也不可能。所有的快讀就等於沒讀。我相信自然科學也是一樣，雖然我在這一方面沒有經驗，但我想愛因斯坦的相對論也是不能跳著讀的。大概你也有這個經驗？

——我讀資訊工程，有時遇到計算理論或數學理論的證明，短短兩、三頁，也需要想上若干小時呢。

那些解釋的文字本身你能夠忽略嗎？

——不能。

這就對了。道理已經在文字、符號裡。每個符號都不能忽略的，你都要懂。這就是為什麼我在文學領域之中老是說，每個字都要懂，每個標點符號也都要懂。這些符號和理工、科學的符號，沒什麼兩樣。

——您花一個小時讀數百字，就是在想這些道理嗎？

是。這一個小時，我是披荊斬棘，彷彿在開路，蓽路藍縷，前頭看似無路可通，盡是雜草叢生。你的閱讀工作，就像是拿著一把鐮刀，一步一步砍下去。當中有一段沒有砍完，你怎麼可能就跳得老遠。你每砍一個字，就多懂一個字，也就是往前多走一步。若有一個字卡在那裡看不懂，那後文也別想懂了。一定要字字克服才算數。一定要克服了一個字，才允許自己讀下一個字。這是字的層面。句子更是一樣。一句讀完、讀懂才能讓自己讀下一句。這時，除了求懂以外，也求判斷。你要有自己的判斷

力。作者有時有寫作上的疏忽，這也是讀者該一字一字看出來的。作品好到什麼地步、缺點在哪裡，你都要看。當然，經典比較可靠，十之八九都是好的，但也不能疏忽其缺點。

中國人自古以來的讀書法，就是這樣精細慢讀，與西方沒有兩樣。從古到今，讀書人唸書，都是採用「圈點法」。在詩句或古文的每一句下面打圈，意思是讚美，投它贊成票。更高的讚美是雙圈，更好的就用三圈。認為不好，有所疑問，另有一些符號。文人讀書向來都是逐句批點的。批點，就包含了判斷。

——所有的書都值得我們這樣一字一句讀嗎？

經典比較值得這樣讀。其他的書，先要這樣讀，才知道值不值得。

——知道您從文學大師托爾斯泰、莫泊桑、佛樓拜爾等「低沉徐緩」的文字節奏裏，以及知名作家海明威用字簡練的特色上，都大得裨益。

這幾位作家，在文筆、文字、節奏上，都有如音樂一般的美感。或者說，他們文字的節奏都有詩歌的節奏。

——是否請您為我們稍作數算：您個人從閱讀大師之經典奠定基石，直到個人寫作，整個打的真是一場「無休止的聖戰」嗎？其中的苦與樂為何？

從事文字工作，很花時間，也相當費神。但，一定是樂多於苦，才有人願意這麼做。從讀者的角度來看，一定是認為閱讀的收穫超過辛苦，他才願意經歷這苦讀的過程。寫作也是差不多的道理。經過寫作的辛苦之後，我不應該說最後得到的是樂。克服創作的艱苦，把一個句子寫完，其實得到的不是快樂，而是一種如釋重負的自由。寫作是予人這種精神上的自由。

——是一種能把內心的想法表達得好的自由嗎？

表達得好不好，你自己不知道。你只知道，你克服了一個困難。這個

收穫和讀者的收穫不一樣。讀者有美感的收穫，而創作沒有美感的收穫，徹底沒有。只能說達到一種自由的快樂。是脫離困難的快樂。

——日本小說家村上春樹談到自己的寫作，自認「身體內有一股驅使他寫作的本能」，這麼一來就不得不去寫。[3]您寫作的時候，是否也有一股「不得不寫」的力量促使您提筆來寫呢？

他所說的「不得不寫」，是可靠的。「不得不寫」可能是一種自己定下的責任感。這責任感是設在一個假定上頭的。假定我寫了這本書，對文學會有所貢獻，那麼，我很願意克服這個困難。我自己個人只能夠說，假定我把作品完成，對文學也許有一點點貢獻。我寫作的動機與目標就是如此而已。我個人不會想到什麼別的收穫，一概沒有。我連讀者閱讀時的美感收穫都得不到，其他物質的收穫更是沒有任何一個藝術家會想到，因為那完全不是自己能掌握的，嚴格講，也並不重要。我想，科學研究應該也是一樣。

——您的寫作生涯為何如此「路漫漫其脩遠兮，吾將上下而求索」[4]，如此無怨無悔呢？

這方面我倒沒去想過。

——「宗教向度」是中國經典文學作品裏的弱項嗎？為什麼？又您同意夏志清先生為中國現代文學把脈，而將其膚淺歸諸於「對『原罪』之說不感興趣，無意認識」嗎？您以為對於人性「邪惡」之探索，杜斯妥也夫斯基藉其經典著作，有著不朽的貢獻嗎？（如：《卡拉馬助夫兄弟們》(The Brothers Karamazov)、《罪與罰》二書）

我從來不認為宗教是中國文學的缺點、弱項。因為宗教絕不止基督教、回教。中國文學的佛道思想很深，可惜中國文學史有很大的偏見，不肯正面的收納宗教文學。比如說，我們的文學史接受了持道家思想的王

---

3 維基百科：村上春樹 (http://zh.wikipedia.org/wiki/村上春樹)

4 出自屈原〈離騷〉。

維、陶淵明，就以爲它已經盡到責任了，然後便嚴厲排斥許多眞正的道教文學。其實道士寫的詩歌之中就有一流的詩作，但是都不允許進入文學史。你只能到民間去，或是到道觀裡面，看到他們的宣傳品，才能知道這些詩寫得好。最顯著的例子就是道士呂洞賓，我認爲他的很多詩是第一流的。雖然，比較公平的《全唐詩》收錄了其詩作，但一般的唐詩選都不太收。佛教文學也是一樣。在中國，和尚寫的詩向來都是別人譏笑、嘲笑的對象。譏笑者之中最不好的代表人物就是蘇東坡，他嘲笑和尚寫的詩有「蔬筍味」，笑人家吃素，有菜味。其實，他應該先想一想，這「蔬筍氣」正是一種崇高的宗教境界。這是中國文學史中很大的偏見。

——爲什麼有這樣的偏見存在？

因爲科舉制度。一旦有子弟認眞走上佛、道這條路，便會出家，不去求取功名。兒子要是不求功名，父母將來也沒有飯吃，所以，長輩絕不鼓勵子孫對這些宗教文學著迷，更不許對其哲學或神學著迷。從前古代沒有退休制度，若是孩子出家，將來老人便沒有孩子的官俸奉養。這種想法，不知道抹煞了多少宗教詩、詞，還有宗教小說，導致很多很好的宗教筆記小說，都不受重視。

——在上回聽您講筆記小說以前，我也沒有細讀筆記小說的經驗呢。

因爲筆記小說不列入文學史。中國有一個很了不起的魯迅，首先注意到筆記小說的重要。他有這個眼光是很了不起的。他編纂《古小說鉤沉》，就選了很多的筆記小說，認爲可讀，可以拿來當課本。

——這些筆記小說的藝術成就，除了戲劇性與詩意，又多了一道宗教向度嗎？

對。它的詩意，已經是最高的「宗教的詩意」了。光是這一點就可以壓倒一切世間的、世俗的詩意。

——您認爲世俗的詩意少了宗教向度之後，剩下什麼呢？

世俗的詩意，當然也是不錯。比如說一年四季的變化、春花秋月、飲

酒的沉醉、功名的喜樂，這些都有詩意，也都是人生。但是，宗教的好處是使人站得高、看得遠，這「距離」是更重要的。世俗的花草固然好看，但你願意每天躺在公園裡面，臉貼著花草看，還是你願意像太空攝影那樣，從高空照一張相片，把整個景觀照得又遼闊又清楚？宗教的眼光是更好的眼光。佛經講到「法眼」，用法眼看這個世界，和你用俗眼看這個世界，是有不同。

——那您是否同意夏志清教授講的，中國現代文學「對『原罪』之說不感興趣，無意認識」呢？

夏志清所説的有其道理。中國文學裡是不大有原罪的觀念。我們不是以《聖經》的方式來講原罪，但人性基本的邪惡，筆記小説裡也多有描述。雖不是原罪，但是對人性罪惡的認識，也相當深刻。

——請爲我們舉一、二例子。

我們比較熟的大概就是《唐人傳奇》裡頭的＜鶯鶯傳＞。＜鶯鶯傳＞對男女之間的薄情、背叛等行爲嚴屬譴責。這篇作品對這種罪的認識，已經是一種相當好的角度了。很多小説也都寫到了其他人與人之間的忘恩負義。

《唐人傳奇》另有一篇叫＜馮燕傳＞，也觸及到罪的問題。這是一個很複雜的人心的故事。馮燕本來是個地痞流氓，沒做過什麼好事，但俠義是他的優點。所以故事説到後來，俠義這個優點就遮蓋了其他的缺點。最後，他爲俠義捨身送命。這個故事讓人體會到人性的複雜；人性可以是罪惡與美德的結合。

《聖經》對原罪的講法，也並不能支配所有的西方文學。我所讀過的西方文學之中，也只有霍桑的《紅字》是比較接近探討原罪的一本書。論到罪惡的探討，普遍來講，西方專重於個人內心的檢討，而中國是從外表來描寫罪惡。兩者方向不同，方法不同，但主題都是罪惡。中國對罪惡的認識從來不缺。

——您以爲對於人性「邪惡」之探索，杜斯妥也夫斯基藉其經典著作，有

著不朽的貢獻嗎？（如：《卡拉馬助夫兄弟們》、《罪與罰》二書）

杜氏對於罪惡，就是著重於內心的探討。他不但替中國文學打開一個新的局面，甚至對西方文學也有同樣的貢獻。在他以前，西方也不這麼寫罪惡。

——您一直認為「電影即是小說」，那麼，我們賞讀經典電影，也就等於閱讀經典文學嗎？其間是否仍有文體的差異性存在？又您以為我們賞讀電影的角度與態度應如何逐漸建立呢？

我是說「電影就是文學」，不是「電影就是小說」。我說的範圍比較大。

——您覺得賞讀電影也需要「精看」、「精讀」嗎？

可以。現在的設備可以讓你隨時停格，來來回回，慢慢地分析研究，這從前只有電影學校才辦得到。所以，是可以慢讀。讀電影和讀文學方法完全一樣，只是電影加上了視覺藝術的表達。其實嚴格說來，文學往往也兼含視覺藝術，而電影更直接些，不必透過文字。電影就是文學，所以，了解電影的方法就和了解文學沒什麼兩樣。

——您會建議大學生作系統性地賞讀經典文學與電影嗎？（在您的論述評文中，您曾流露一些您本人作系統性或關聯性賞讀的線索：如杜氏《卡拉馬助夫兄弟們》影響卡謬《異鄉人》(The Stranger)、梅威爾《白鯨記》(Moby Dick)影響卡謬《黑死病》(The Plague)等。又如史特林堡、德萊葉與柏格曼三位重要導演的承傳等）

這還是回到第一個問題：到底什麼是經典？最簡單的方式就是依靠文學史的介紹。但，對文學史的依賴，可多可少。任何人都不可能讀完文學史內介紹的書，但可以先拿來當個參考，然後再自行挑選。

——那，系統性地選讀，會不會比隨意地讀更有意義呢？

應該說，一旦列入經典的著作，就不需要系統性地閱讀了。既是經

175

典，表示它的價值是有保證的。身為學生，是可以有時間、地點、心情上的自由，從中隨意挑選。唯一需要注意的，就是一定要有恆心，不要一本書看兩三個字就拋開來，到最後一輩子都沒讀完一本書。所以，每本書從頭讀到尾，這才是系統。經典是個很好的保證，等於給你一張保證書，確保你讀這本書絕不會浪費時間。最重要的是你要從第一頁讀到最後一頁。

——請為上回您至交大新文藝課的演講，再作一則簡短的「補講」。

我想，＜蕭史＞和＜伎者歌＞兩篇都講得還算完整。並且，我記得後來董挽華老師給了一句重要的補充，她說：「＜伎者歌＞恐怕是上好的技擊小說。」（以前中國的武俠小說稱為技擊小說。武俠小說一詞是民國以後才出現的。）我想，董老師的補充是對的。＜伎者歌＞裡頭那位江湖賣藝人，他的身手實在是好。既然這篇小說描述身手，就應該把它列入技擊小說，或武俠小說。我們絕不可小看武俠小說。它固然是在強調人的動作，但動作當然也是人類活動的一種。動作要描寫得好，跟描寫情感沒有什麼兩樣，也算是上好的文學。董老師認為，這個動作之所以寫得好，讓人覺得可以喝采，是因為這個表演的人可以從老高的地方不偏不倚地跳到地上挖的一個坑裡。他的準確，就是本文動作描寫得傑出的地方。

另外，＜伎者歌＞中的賣藝者，極可能是個婦女，不是男性。這就更難得了。這一點我下面倒可以補充。

中國的馬戲班，向來是北方的。南方沒有什麼馬戲班。宋朝南下後，蘇杭地區有些賣藝的，但恐怕他們都還是北方人。所以，身手、技擊、武俠，都可能是北方文學的重點。我們讀這一篇小說時，也應該考慮到南北的劃分。陳衍很明白的把這篇小說收在《遼詩紀事》之內。遼，就是北方，這一個故事發生在北方就非常通順，如在南方就沒什麼意思。所以，以此文證明，我們大膽推測，武俠文學可能是北方文學。

但是，我看過清末小說家王韜所寫的短篇武俠小說＜劍氣珠光傳＞，收錄於《淞濱瑣話》。順便提一下，王韜也是被中國文學史遺忘的人。清末的小說家裡，很少有人接受外國文化，而他在上海接受英文教育，後來

一輩子流亡香港。他在香港辦報，首立格致書院，並擔任第一任院長。他信了基督教，讀西方文學，經常在歐洲旅行。王韜的文筆非常好，是用文言文寫小說。

＜劍氣珠光傳＞非常奇特，故事的背景在廣東，這和我們剛才說的是有出入的。剛才我們說，武俠小說是北方文學，但別忘了武俠小說也可以是南方文學，可以是廣東等等邊地的文學。南方文學若不寫江南的精緻文化，還是容易出現武俠風格。＜劍氣珠光傳＞不但是廣東的武俠小說，而且主角是個女俠，這又跟陳衍《遼詩紀事》中的＜伎者歌＞符合。這篇小說很有意思，可以當作廣東民俗學的研究對象。從前，在當地人重男輕女的習慣下，男人反而換取了女性的角色，女性反而扮演了男性的角色。故事中，俠客是個女人，被保護的一方竟是她的情人，她的丈夫。兩性角色這樣的顛倒，是因為當地人希望儘量讓子弟科舉得名，仕途順遂，於是，就讓男人讀書，女人勞力。＜劍氣珠光傳＞就描寫從小指腹為婚的一對男女，終其一生，男人一直被女人保護著。男人一路參加科舉考試，旅途遇險時，總有一位俠客前來搭救，這女扮男裝的俠客其實就是他從小的未婚妻。這女孩能夠舞刀弄劍，是因為在廣東，她老家是做生意的。剛才說當地人要男孩讀書，女孩出外做生意，為了財貨安全，女孩也都練就一身好武藝。

＜伎者歌＞和＜劍氣珠光傳＞都是武俠文學，主角都是女俠。前者發生在北方，後者是南方邊疆，兩相對照，饒富趣味。相較之下，我想＜劍氣珠光傳＞的內容又更為豐富，因為有民俗學的要素存在，對廣東文化是相當豐富的表達。在台灣，很多人不妨閱讀這篇小說，因為嚴格說來，這樣的廣東文化其實是客家文化。這篇＜劍氣珠光傳＞，客家族群讀來應備感親切，可以作為先祖文化研究的材料。我聽說客家社會從前也有令女性擔任男性角色的現象，例如下田工作、到都市買賣等等，經常是女性當家。＜劍氣珠光傳＞對此一文化現象提出了良好的解釋。

——老師想不想要寫一篇「被文學史遺忘的人」這樣的文章？

這樣的人太多了，不計其數。這是一個很大的研究工作，要寫得有系

統，並不容易。我們或許只能先看看文學史上的「偏見」。

文學史上不公平的現象很多。比如呂洞賓沒有列入，根本就是遺漏了。而名列文學史卻又不公正的，也很多。名不符實的，或顛倒是非的，都有。一個最明顯的例子就是唐朝詩人孟郊。今日，孟郊在文學史上僅被認為是第二線詩人，但是與孟郊同時代的詩人韓愈，卻肯定孟郊是當代大師。文學史完全沒有考慮韓愈的看法，很不公平。

文學史之所以把孟郊從這麼高的地位拉下來，是蘇東坡的錯。蘇東坡雖然有很多優點，詩也寫得不錯，但他喜歡講一些不負責任的閒話，首先嘲笑孟郊的詩。他說孟郊的詩讀起來就是苦哈哈的，叫人不樂、不歡，覺得天地隘小侷促。大概因為蘇東坡的名氣太大了，從此以後，大家就跟著他批評，說孟郊的詩沒有富貴相，把他擱在一邊。我個人完全同意韓愈所言，認為孟郊是第一。他的詩語言的純淨、境界的純淨，達到第一等的和諧，沒有人做得到。文學史上的這個錯是蘇東坡引發的。

後來，我看到另有一人推崇孟郊，就是大詞人晏幾道。我想，此人很了不起，竟沒有受蘇東坡的影響。晏幾道有一首詞，第一句就說「東野亡來無麗句」[5]。這句話就足以給孟郊平反了。但是，後來考證後才發現，晏幾道是東坡之前的人。我們可以推測，蘇東坡之前，唐宋的文人普遍認為東野是第一。連晏幾道這麼好的詞人都這麼推崇孟東野，如今他的詩作卻乏人問津。

另一位很有眼光的文人，是清末民初的鄭孝胥。他的案頭上面有一本《孟東野集》，為天天必讀之書。鄭孝胥是陳衍的好朋友，深受張之洞賞識，是張之洞的首席幕僚。他曾隱身上海，著有《海藏樓詩集》，收錄自己創作的詩詞，書名有「湖海一身藏」之意。鄭孝胥的詩詞不錯，然其最高成就是在於書法，他的楷書極好，可以說近五百年來無人可出其右。今日沒有人知道他的名字，也不知道他的書藝，因為國、共政府皆認定他為

---

5 晏幾道，〈臨江仙〉，「東野亡來無麗句，于君去后少交親，追思往事好沾巾，白頭王建在，猶見詠詩人。學道深山空自老，留名千載不干身，酒筵歌席莫辭頻，爭如南陌上，占取一年春。」

漢奸，把他打得不見人影。鄭孝胥效忠滿清政府，致力於溥儀復辟，甚至作了滿洲國的總理，應該是個忠臣，但如此一來，海峽兩岸反而因此幾乎全不承認他書法的成就。說到這裡，至少已有兩件不公平的現象。第一，鄭孝胥肯定、推崇孟郊，但乏人理會。第二，鄭孝胥的書法極為高明，卻也無人問津。今日在中國大陸，情況稍有好轉，鄭孝胥書法的地位正慢慢被恢復，然而這只限於小眾。廣大民間之中，認識他的人依舊極為稀少。

（先生從書包裡拿出一本書）我的書包總有一本《孟東野集》，我已經放了十多年了。倒不是每天有機會讀，是在等車、等人的時候拿出來讀。（按：王文興老師一翻開自己的《孟東野集》，個人四處作兩圈、三圈的圈點、評論的筆跡，清晰可見。精讀深思的功夫實在了得。）這本書是中華書局出版的，在台灣，大約只能在舊書店才買得到了。我想這詩集裡沒有不好的句子，實在是正如晏幾道所言：「東野亡來無麗句」！孟郊未必有宗教信仰，既不是和尚也不是道士，但是，他的詩已經達到宗教的境界，乾淨到纖塵不染的境界！

王文興老師翻開十多年不離自己書包的《孟東野集》。

——老師，您目前是否懷有熱情要爲孟東野寫一篇平反的文章呢？

　　一定有，一定有。只是時間還沒到。早晚會寫的。可能會先用講課的方式（如：麥田講堂），讓更多人願意讀他。

——最後，請您爲我們推薦大學生必讀的經典文學與電影書目。

　　還是剛才那句話，文學史還是可靠的，不會騙人。可惜文學史的遺珠很多，這我們管不了，也讀不了那麼多。儘管有未臻詳盡之處，眼前文學史所提供的，的確已經足夠大學生做一個入門的工作了。

——非常感謝您今天接受我們的採訪！

（2009年暑假）

（語慧清校）

讀書，是人世間難得的神妙事，也是爲了使人生眞正豐富必不可少的修煉。可惜書這事物，望之似無趣，就之亦難近，許多人爲此遇寶山而不入，虛度一生。

　　這中間有一個關鍵性問題，勸人讀書，是很難勸的事情，師長説要考聯考了，快讀書吧。這話只讓學生痛恨考試與書本。父母説：要好好讀書，將來才能出人頭地。但子弟看看電視、報紙，那在上面搖頭晃腦、道貌岸然訓誨部屬的官員，好像並沒什麼書卷氣嘛！還有更糟糕的：「書中自有黃金屋，書中自有顏如玉…」啊，知道了，我也不要豪宅也不要美女，可不可以不讀書啊？

　　如此這般，所有勸人讀書，催人讀書的話，好像都不是出自當年很愛讀書的人之口。己所不欲、而施於人，當然不但無效，且令人反感了。

　　很少人注意到，讀書，是佔盡便宜的事情。試想一個人要寫一本書，是多麼艱難的事情。他也許窮一生的時間，不斷讀書、觀察、經驗、思索、研究而後寫出了一本書。這本書可能是一個天才作家，一生的思想、閱歷、感情與智慧的匯集，而讀書的人，也許花兩個禮拜的時間把它看下來了，即將天才作家一生的精華納爲己有。讀書人等於在兩個禮拜內活了寫書人的一生。這是多麼佔便宜的事情。與寫書人的辛勞相比，幾乎是不勞而穫嘛！世上有許多不平等，有人有錢有勢，有人無錢無勢；有人幸

福、有人悲慘；但在生命的享有上卻是平等的。皇帝活一輩子，叫化子也活一輩子，無人能例外。只有讀書的人打破這個局限，使自己活好多人生。他若一生中讀一百本精采的書，就等於活了一百輩子。讀了一千本書，就活了一千輩子。譬如你花一個月時間看了《紅樓夢》，看完之後回想那大觀園裡人來人往，人與人相逢、說話、相愛、相恨、競爭、做詩、偷情、偷人、歡笑、哭泣…掩卷回想，猶如自己曾在那裡過了一生，發洩了七情六慾，體會了生命的無常！人就是在這種過程，成長、茁壯、凋零！世上若無書可讀，人生何其寂寞！世上若有書而不讀，其人何其寒傖。

況且，你買書，和買衣服、食物不同。買衣服、食物要付出十足價錢。買一本書，若這本書印了一萬本賣一萬本，你只付了其智慧價值的萬分之一。如果你買的是百年以前的書，你只付紙及印刷費，版權費都免了。世上有什麼東西是這樣便宜的？

當然，最可羨的還是那天地間最豐富的蘊藏，都在書中。亞里士多德說：「愛聽故事的小孩永不寂寞」。我們也覺得愛看書的大人永不寂寞。因為上下幾千年，東西十萬里的知識及才情等著陪他們。

（新文藝編輯團隊清校）

感動

朱佩蘭 (知名譯作家)

　　成爲最高學府的學子，戴上方帽後出國深造是我這一生最大夢想。然而七十三歲生涯中，只在三十年前大姪兒就讀台大時受其同學之邀，到校園接受台大農場生產的鮮乳款待，邊談論「冰點」和翻譯之外；即便後來犬子在台大求學期間，我亦不曾踏進大學校園。向來口舌笨拙，不善與人打交道，習慣躲在角落。

　　因此，春寒料峭的二月接獲語調溫婉悅耳的董挽華老師電話邀約，到交大演講時，我大吃一驚，認爲董老師弄錯了對象。朋友亦笑我這路癡會弄錯學校，開不了口。經過幾番溝通婉拒，到三月底我仍認爲自己和最高學府是絕緣體而不去爲此事緊張，只放在禱告裏交給神去作主。在夜深人靜耳鳴格外吵擾中，忽然聽到微音說「你要用功」。我蒼然醒悟，最高學府的青年才俊們不正是我該學習的對象？既然他們願意給我機會，至少我可以從他們身上分享到蓬勃朝氣啊。於是我開始高高興興的作該入交大這最高學府的心理準備。我的教會信義堂爲我的體力和交通代禱。好友黃玉燕要相陪壯膽，孫姪女洪蓓君樂意當我耳目。我何其幸運啊。

　　事先到客運起站查詢早班車狀況，司機說塞車時也可能超過兩小時車程，我即預備搭乘七點前的車，時間比較充裕，不致於誤事。想不到二十二日中午姪兒突然來電告知次日可以開車，送我們至交大校門口，他要到中部出差，讓我喜出望外。約好早上七點出門，我卻清晨四點就醒

來。六點準時給黃玉燕morning call，兩個老婦彷彿小學生要遠足，興奮又緊張。姪兒父女準時來接我，在約定的時間、地點接了黃玉燕，一路順暢，九十分鐘就抵達。

下了車，姪兒離開，我們三個女生踏進交大校門，懷著景仰朝聖的心情按著董老師的指示前進，一面為確認而邊問路，每問必得到彬彬有禮的親切回答。順利而愉快地比預期提早很多找到尚未亮燈的會場，很不好意思地反而成了佈置會場的妨礙，真好笑。

我在嘉義出生成長，遷居台北四十年，不曾到這風城新竹。若非此次應邀而來，相信這一生不可能有機會踏入交大校園。這是托《冰點》之福。陳水扁總統擔任台北市長時，曾在推薦市民閱讀優良書籍名單中包括了《冰點》，他表示在獄中讀《冰點》而受感動。我亦因受感動而樂意與人分享對《冰點》的感動。但也很抱歉我的台灣國語，那天在說明圖片時，位於旭川的北海道特殊織物工藝館的「織物」二字發音，硬是舌頭打結，不輪轉。「光、愛、生命」的主題亦成為「光、『暗』、生命」。（編按：演講後隔天的四月底，在接獲此更正信之後，交大已在相關網頁上做出即時的更正了。）

那天各位所提出的問題都是有關生命、信仰，深入切題，成為我的學習。

又未料吳子酉先生開車送我們到新竹高鐵站，好像被當做貴賓一樣的感覺。以低廉的老人票價，也是生平第一次坐上快速舒適，一如日本新幹線的高鐵直達台北。

這趟交大之行是我的大豐收，在諸多秀才生面前分享《冰點》的感動，對我是學習和享受。如雪桐花季將臨交大校園，感謝並祝福各位精英－包括記得芳名的黃語慧、曹瑜珊同學。　　　　　　（4-28-2008）

（新文藝編輯團隊清校）

編者按：朱佩蘭女士曾於4/23/2008在本閱讀計劃中演講：「冰點及其感情世界」（正與朱女士在隔年四月中旬問世的著作同名），引發學子與聽眾極其活潑的迴響。事隔數日，即以「感動」的心，撰寫此文。

閱讀是一生的計劃

羅雪怡

「圖書館裡的藏書，是囚禁在書架上的智慧小精靈，他們著魔地沉睡著，誰去借書、翻開來閱讀，就等於幫他們解開魔咒，救了他們。」

——美國名作家愛默森

從小開始閱讀

　　我的閱讀習慣是從小時候培養起來的。記得小時候學校附近有一個小小的圖書館，藏書量雖然並不多，但對於小時候的我來說，那就像是個藏寶庫，放學後就愛往圖書館跑。原本只是在那邊寫寫作業，等媽媽下班後一起回家，寫完作業後就隨手拿起身後書架上的書來翻翻看看。小時候認識的字不多，最初都是挑圖片很多的書來看，像兒童百科全書、漫畫名人傳記一類的書，後來開始接觸一些連環圖、兒童世界文學、小說等等，漸漸被書中的世界所吸引。

　　透過書本，小小的我看見了不一樣的世界，一個跟自己的生活不一樣的世界。翻開書本，進入書中的世界，我可以到各種地方暢遊，我可以參加十七世紀歐洲貴族所舉辦的富麗堂皇的舞會，看見一個杯觥交錯的世界；下一刻卻又跟在名偵探的身後，走在被濃霧包圍的倫敦街頭，與他一

起探案；然後剎那間來到古羅馬，居高臨下看著在古戰場中的戰鬥；或者可以與武林高手一起，騎著馬遨遊神州大地；最後還可以坐在太空梭中，來一趟火星之旅。

我並不是為了甚麼理由而閱讀，單純只為滿足自己的好奇心和求知慾而閱讀，所看的書並不局限在哪一作者或哪一個領域，這次看了一本科普的書覺得很有趣，接下來可能就多看幾本相同類型的，下個禮拜可能又會因為某本推理小說有著吸引人的名字，那一陣子都在看推理小說；也因為這種沒有壓力的閱讀，我並不會給自己設限要多久看完一本書，或一個月內要看多少書，可能有空就翻一翻，這種習慣讓我大量閱讀了很多不同類型的書。到現在，雖然可以看書的時間沒有以前那麼多，但還是持續著閱讀的習慣，就像一種乾渴的感覺，需要書本來滋潤自己的心靈。

大四參加認證

「新文藝復興閱讀計劃」這個活動在距今兩年前(2007年)剛開始展開的時候，我已有所聽聞。然而因著課業的壓力，當時只能把這個活動放在心裡。在大學四年級、推甄和課業結束後，想要參加這個活動的念頭又從心中燃起，於是就在大四的下學期參加這個課程。那時候自己其實已經修滿所有的畢業學分，所以參加這個課程並不是要得到學分，只是想要給自己一個動力，讓自己多去嘗試一些以前沒有看過的書。但對於如何認證，則是完全沒有概念。認證前需要做甚麼準備嗎？需要書寫心得嗎？跟老師討論甚麼？

對於學生來說，第一次跟老師討論總是會有點壓力，認證的過程好像沒有想像中的簡單。因此，先拋開對於認證的疑慮，在寒假的時候開始，從書單中挑出自己感興趣的來閱讀。其實幾位大師所推薦的書單中，不少是自己以前已經看過的，像《水滸傳》、《三國演義》、《悲慘世界》(*The Miserables*)和《魔戒》等等，所以先挑選自己還沒看過的書開始閱讀，並且給自己訂下了一個小目標：認證點數超過300點，而且為了多看不同的書，要儘量選自己沒看過的書來認證。

閱讀計劃起跑

　　對「新文藝復興閱讀計劃」整個活動眞正的了解，是在學期剛開始時，通識中心爲「閱讀計劃」所舉辦的餐會。當天介紹學期中各場的演講，負責的任課老師爲大家簡單介紹認證的過程，並沒有想像中那麼嚴肅：每一位老師認證的方法都不太一樣，有的是通過讀書會的討論，有的是書寫章節簡介，有的是文句摘錄，有的是閱讀心得。可以先寄信或打電話給老師，詢問認證相關的事，然後再根據相關的內容作準備，這樣認證的目標和方向就比較明確。

　　當天任課老師也介紹了這學期新推出的活動：「新文藝復興讀書會」，由老師挑選不同的書成立讀書會，訂立每週的閱讀進度，讀完後在每週的讀書會裏和大家討論與分享這週的讀書心得，最後經老師確認後就可以得到該書相對應的點數。沒有參加過讀書會的我，立刻想參加看看。再聽了幾位老師的介紹，評估自己的能力後，決定要嘗試以前很少接觸的類型：哲學和社會科學類。於是參加王冠生老師和劉河北老師的讀書會。王冠生老師的讀書會以哲學爲主，這學期以《蘇菲的世界》這本書爲主；而劉河北老師的讀書會則以《槍炮、病菌與鋼鐵》爲主。

讀書會：看到作者「寫在兩行中的第三行」

　　以前從來沒有參加過任何類型的讀書會，也以爲讀書只是自己「個人」的事，在參加了讀書會後才知道，分享與討論原來是很重要的。自己一個人的閱讀，會不自覺地偏向於只閱讀某種類型或某些作者的書，或者是囫圇吞棗地一直閱讀，在看完一本書後，就去找下一本來看，卻沒有花多少時間去思考，思考故事與自己人生的結合，思考作者「寫在兩行中的第三行」，也沒有想想自己在書中看到甚麼。在讀書會中，需要先整理自己的想法，對書中的內容再思考，才能有條理地陳述自己的想法；聽到別人的想法和意見後，又會讓我們對書中的內容再次思考，在討論中別人也會推薦和討論內容相關的一些書籍或文章，讓知識無限延伸。

　　在討論和分享中發現，不同背景的人，閱讀的習慣和方向也大異其趣，一些以前自己不曾接觸的書，原來也很精采很有趣；不同的人讀同一

本書，會有不同的觀點與看法，在這樣的討論中就好像透過別人的眼睛，看到自己以前沒看過的、不一樣的世界。

　　除了讀書會外，在看過書後參加本課程開辦的演講，聽著各領域的名人為書本作解說和導讀，會發現到意外的驚喜。即使沒有看過那本書，演講者會結合作者和自身的背景，從各個不同的地方切入書中的時代和事件，讓你獲得更多與內容相關的資訊，甚至開始對一些以前沒有接觸過的書感到興趣。在這個學期的演講、分享與討論的過程中，讓我對書本的內容有了更深入、更全面的瞭解。原來讀書可以並非「個人」單挑，而是與他人「共享」。

閱讀讓我變成哲學家

　　此外，在參加了讀書會，開始認識哲學後，我發現我好像也變成了一位哲學家，開始思考很多人生的問題。印象最深刻的是，有一次為了第二天的讀書會開始看書。我看到的部份是，某位哲學家的理論，讓主角蘇菲領悟到，生命也許只是一場夢境，使她非常的難過。在看完的當下，其實自己沒甚麼感覺，這跟中國古代莊周夢蝶、南柯一夢不是一樣嗎？有時候自己也會想，說不定我們就像電影〈駭客任務〉(The Matrix)一樣，只是生活在夢境中，沒有自由的思想，一些都是早就被稱為「命運」的某個東西控制著，但這種想法並不會讓我像主角蘇菲一樣感到難過。於是我沒有想太多，就去參加社團的練習。

　　結果，那天晚上跟幾位朋友一起練口琴，吹到某一個旋律緩慢優美的段落的時候，我發現周遭好像突然變得很安靜，時間也變慢了一樣，書中的內容突然浮現在腦海中。我轉頭看著身邊的人，想著如果這一刻，在這裡所發生的這一切，如果都只是一場夢，或者只是某個人腦海中的一個想法，或者是某個故事中的一部份，其實，這一切根本都不存在？想到這裡，覺得自己好像忘記該怎麼呼吸，又痛又難過…，如果我的家人和朋友，這四年的大學中，跟大家的友情和快樂的回憶，這一刻吹著口琴愉快的心情，都是夢，那該怎麼辦？如果這一切都是一個虛幻或是被預設好的東西，是一個對我們而言像是「上帝」的存在的人（或某種東西）在操控

著…，所有的笑與淚，都是被設定好的、大家的感情，也是被設計好的，那該怎麼辦？

　　就在在胡思亂想中，我不自覺的停下來，結果遭到同學們懲罰式的「攻擊」。然後，我笑了。在閃躲的那一刻，發現感覺是那麼的真實，如果我在思考和感受到的事情，都這麼真實的話，那又何必在乎它事實上是不是真實呢？

　　原本我們就是不完美的人類，根本無法探知那最終的最完美的真實，那活在這一刻，好好感受，就是我找到的最佳的解答。

　　想通了以後，突然心情變得很好。雖然想通了，但我還是忍不住對這本書感到很生氣，因為看了這本書後，讓我想到這麼難過的事。但在感到生氣的一刻，我同時也知道，自己有多感謝這本書，因為它讓我了解到：原來自己對於一些人，一些事，一些感情，是多麼的重視和不捨。

　　而在劉河北老師的讀書會中，又有不一樣的感覺。從前很少看《槍炮、病菌與鋼鐵》(Guns, Germs and Steel)這類社會發展歷史和科學的書，但在劉老師的解說下，不只對書中的內容瞭然於胸，而因他還為我們補充了很多書本以外的知識來互相印證，使我獲益良多。讀書會中的同學，有來自各個年級和系列的，我們這些不同領域和年齡的人看這本書，都有不同的見解；而老師並不只是枯燥地解說，而是丟出問題讓我們思考，而問題並不一定有標準的答案。在討論和思考的過程中，我們都知道，我們學到的一定超出書本帶給我們的。

　　如果沒有參加這學期的讀書會討論，也許我對於閱讀的想法不會有這麼大的改變，也不會了解到閱讀的深度和廣度的重要。

重新閱讀和回想的過程中，發現到作者的巧思

　　記得第一位回信給我的是劉龍勳老師，他為我認證的是金庸先生的《天龍八部》。劉老師給了我題目：「喬峰、慕容復、段譽和虛竹晉身一代高手所給我的啟示」

看到題目的時候，有點愣住了。這個題目與一般的閱讀心得不一樣，於是我拿出書來，把出現在腦海中的橋段又讀了一次，然後開始下筆。從前一直覺得自己不擅長表達自己的想法，但在開始下筆後，就停不住筆了。原本老師只要求2000字，我卻寫了接近4000字。而在寫的過程中，一邊思考和回想書中的內容，漸漸地有了新發現。原本我不喜歡的角色，但在看完整本小說後再回頭想想，發現他也有可敬和可憐之處。而另一方面，在第一次閱讀時，有時候會只著重於劇情，而沒有注意到作者手法的巧妙之處；而在重新閱讀和回想的過程中，發現到作者的巧思。這是我在第一次的認證時最大的收穫。

之後我陸續找了另外幾位老師認證，每位認證的方式都不太一樣：王美鴻老師跟我聊對《野性的呼喚》(*The Call of the Wild*)和《所羅門王的指環》(*The Ring of Solomon*)中感受最深的部份，與自己生命經驗的印證；董挽華老師給我一個題目：以「假如我是哈姆雷特王子」為題寫一篇文章，並在《小王子》(*The Little Prince*)中摘選八段文句；楊台恩老師提及在《湯姆歷險記》中提出十個問題，再討論相關內容。

最後，在五月的某一天，課程的助理程芷萱小姐告訴我，我已經通過了課程，並且成為了第一位通過課程的同學。當時已經認證的書目點數已經有160點，但自己的目標不只是這裏，而是希望自己可以更多閱讀，所以之後還是持續的閱讀和認證。在六月中左右，完成了自己訂下的目標：認證了十五本書共305點。

最喜歡聖•安東尼的《小王子》

在這學期閱讀的書單中，我最喜觀的是聖•安東尼的《小王子》，這是一本你在人生中每個階段翻開，都會有不一樣的感覺和收穫的書：記得第一次看是在國中，那時候只覺得這是一本有趣的童書，圖畫很可愛；第二次看到是在高中，學姐送了這本書給我當生日禮物，那時候跟朋友吵架了，看到那句「用心靈，才能看清楚；事物本質是肉眼看不到的」才發現，為了一點小事而破壞了多年的情誼，於是放下自己的堅持，跟朋友道歉；而在大四的時候，為了未來的前路做抉擇的時候，也在書中找到了簡

單卻直接的答案。

　　每次看這本書，都會讓我想起童年時的一些有趣的想法和夢想，現在看來雖然有點太天真和不切實際，卻並未摻雜半點的雜質，是那麼的單純和真實。漸漸長大，看到了社會的現實面，人與人間的相處和各種生活的壓力，讓我們漸漸忘了那種單純的赤子之心，沒有心機的世界。以下是我在閱讀《小王子》的時候所抄下的句子：

大人們喜歡數字。當你向他們提到新朋友時，他們絕不會問你最緊要的問題。他們不會對你說：「他聲音的腔調怎麼樣？他喜歡的遊戲是甚麼？他採集蝴蝶嗎？」他們問你：「他幾歲？有幾個兄弟？體重多少？他父親的收入如何？」只有這樣，他們才算認識了他。要是你跟大人說：「我看到一間玫瑰色磚的華麗房屋，窗欄有天竺葵，鴿子在屋頂停飛……。」他們無法想像出這樣的房屋。應當對他們說：「我看到一間價值十萬法郎的房屋。」這樣，他們才會喊道：「好漂亮啊！」

「那時候，我什麼都不懂得去瞭解！我應該以行為而不是以言語來判斷這朵花。它使我充滿香氣，且照亮我。我不該避開！我早該看穿它在笨拙詭計背後的柔情。花身是如此地矛盾！但當時我太年輕，不懂得去愛它。」

「你為你的玫瑰花所費的時間，使你的玫瑰花變得如此重要。」

在這裏也附上一些其他書中的文摘：

「雖然你想要抓住某個人離開這個世界的酸苦回憶不放，然而多少還是會從指縫間漏掉。活著的行為是潮水：開始時似乎一點都沒差別，然後有一天你往下看，看到痛苦已經沖蝕掉許多。」

—茱迪・皮考特《姊姊的守護者》(*My Sister's Keeper*)

「生存是毀滅，這是一個值得考慮的問題；默默忍受命運的暴虐的毒箭，或是挺身反抗人們的無涯的苦難，通過掙扎把它們掃清，這兩種行為，哪一種更高

191

貴？死了，甚麼都完了！」　　　　　　　—莎士比亞《哈姆雷特》(*Hamlet*)

（第三幕第一場）

「人的腦袋太簡單，／人生的地圖卻太複雜。／蜘蛛的腦袋只有一點點，／為甚麼卻可以織出／堅強美麗的網？」　　　　　　　　—幾米《布瓜的世界》

「收音機裏有一位專家悠悠地說：很多人都希望他的孩子贏在起跑點，但卻往往讓他的孩子累死在終點。」　　　　　　　—幾米《我的錯都是大人的錯》

「每個大人心裡都住著一個孩子；而每個小孩心裡，都有個未來的成人靜靜等候著。」　　　　　　—約翰·康納利《失物之書》(*The Book of Lost Things*)

「這就是標本的關鍵所在，必須藉由永遠的靜止，創造出超越活著時的生命力，要用死來表現生。」　　　　　　　—小川洋子《貴婦人A的甦醒》

（編按：作者摘言頗多，礙於篇幅，只刊登以上數則。）

閱讀是一生的計劃

　　對於「新文藝復興閱讀計劃」，自己有一些小小的想法。除了名人推薦的書單外，可以增設網路上的討論區，讓每個人都可以在上面推薦好書，如果推薦同時可以寫下理由和內容簡介等則更佳，最後再由參與課程的老師們決定是否加入書單中。這樣不管是否能列入書單中，讀友們都可以知道別人推薦的書單和內容。也希望讀書會等資訊可以讓更多的同學知道，讓更多的同學有機會參與活動，提昇交大的閱讀風氣。

　　如果同學還沒有閱讀的習慣，「新文藝復興閱讀計劃」會是一個很好的入門途徑；如果本身就喜歡閱讀，參加這個活動一定會讓你對於閱讀有新的想法和收穫。雖然目前我從交大畢業了，我的「新文藝復興閱讀計劃」課程結束了，但我人生的閱讀卻不會結束。閱讀是一生的計劃，並沒有盡頭；課程的結束並不是終點，而是另一個開始，路上的美好風光等著你來發現。

（新文藝編輯團隊清校）

我聽學長《自卑與超越》說書的心得

王尊民

在這場為現代經典《自卑與超越》(*What Life Should Mean to You?*)舉行的說書演講中，杜書伍學長巧妙地先將主旨點出後，就更進一步地將他的人生經歷以及曾經遭遇的困境，一一列舉出來，藉此佐證書中的理論；道盡其個人的種種歷練與其對人生的體悟，以及人生當中的「命運」及「困境」，對於一個人所帶來的影響，正與本書《自卑與超越》作者阿德勒 (Alfred Adler) 的思想理論互相呼應。使我們瞭解於此書那極為重要的中心理念---「超越自我」。

從人類初為人的四、五歲孩童時期起，即能觀察到人的基本認知，因此對於一件事物的看法與態度，我們也是從這個階段開始奠定的。無論是對某些東西所產生的喜惡，或是在往後的生活中對某事物不自覺地逃避，這一切看似理所當然的「原則」模式，都是我們在生活環境中潛移默化的結果。因此，我們不禁會問：「難道我們所有的一切，早已在我們還是幼童之時就已決定好了？難道我們生活周遭的環境，無法改變地，將影響我們一生的命運？」。

在分享中，杜書伍學長憑藉《自卑與超越》書中的論點，提出個人獨到的見解。以「超越自我」的主旨，定義「自卑」為轉化自我的一個新契機；並將那看似已成定局的「命運」，用一種不同的態度，來面對眼前所發生的障礙或困難。

　　當面臨考驗時，人們往往措手不及，若又在過去的經驗中，都未遭遇過類似的困境，此時，人們的內心將醞釀成一股難以負荷的龐大壓力。正如同杜學長於演講中所言：「人所有的認知皆來自與外界的比較，發現不如人就會產生自卑的感覺與認知」。在這樣的情形下，有些人選擇就此逃避問題、自暴自棄，以求得一種自我內心的解脫；相反地，也有些人正視問題的影響，分析人事時地物各個因素，以調整自己處事的態度，改變那早已根深蒂固於內心的舊思維。

　　觀察歷史上許多成功的偉人，我發現大多數的人在面對困境時，皆以後者「超越自我」的思考方式處理問題；好比學長於演講中提醒著我們：「愈是強烈的自卑，其可能產生的超越力量也愈大；正因這股力量相當大，若能夠妥善運用，則可以成為一股不斷突破的動力」。或許，有人會質疑這個方法似乎不切實際，沒有真正的解決當下的困境，但是這樣的態度卻並非是逃避於現實，而是真正的釐清問題的核心，讓人利用這個機會，再一次認識自己，並「超越」以往的自己，甚至進而改變周遭的環境。

　　另外，學長於演講大綱中也提到：「人生是不斷思考的過程」。的確，唯有透過對問題與現象的深入探討，對困惑之處加上冷靜地反覆思考，逐漸地釐清問題，因而得到對策與因應之道。所以，無論困境讓人多麼地不堪，以及那些不可抗拒的現實難題與環境是多大的打擊，都無法讓我們放棄自己，反而是再一次給予我們希望/機會---「超越自我」。只要我們堅持、擁有熱情並保有信心，相信有一天我們將能打破被困境所限制的「框架」，以展現生命的價值，創造理想的人生。

　　最後，感謝杜書伍學長抽空來為我們講述《自卑與超越》，不僅分享他在書中獲得的體悟，也提供了學長自身的生活經驗與人生觀，與我們學弟妹分享，帶給我們一場難忘且獲益良多的演講。

（編者按：請參考：杜書伍，〈《自卑與超越》導讀〉（—交大新文藝復興閱讀計劃導讀文集：《說書》，pp.98-107））

（作者校對，新文藝編輯團隊清校）

陳翊維

我與「文藝復興閱讀計劃」：

　　這一次能夠參加「新文藝復興閱讀計劃」的緣起，是因爲大一初來交大時，很幸運地遇到當時正在推動這項計劃的李弘祺老師。李弘祺老師上課很認真，對於不同領域都有涉獵。而他說過許多他在國外的經驗，使我覺得學習的廣度十分重要，平常閱讀的課外書籍因而有所加增。而我也是在老師的介紹下，加入了「新文藝復興閱讀計劃」。

　　本課程認證是使用計算點數的制度，備有一系列的書單，並給與每本書一個相對的點數。當我們認證過的書籍總點數超過一百點，並參加8次以上新文藝課程相關的演講後，就能通過修課要求，得獲2學分了。而我挑選《駱駝祥子》、《哈姆雷特》、《羅密歐與茱麗葉》(Romeo and Juliet)、《傲慢與偏見》這四本書作爲我認證的書籍，一共花了約兩個半小時的時間完成與老師的認證。認證結束後，老師也問了我對於本課程的經典選讀書單的看法，我遂向老師推薦了一本叫《牧羊少年奇幻之旅》(The Alchemist)的書給老師參考。我覺得在認證中，老師對於文章深入探討的態度，很值得我去學習，這也是我在這次計劃中一個終身受用的收穫。

課程認證的實踐與價值：

　　我這次完成本計劃的修習是董挽華老師幫我認證的。在我提出希望

195

董老師幫我認證的請求之後，老師希望我用半個月的時間作總複習閱讀，好針對這四本書，完成「《傲慢與偏見》所以多次改編成電影之我見」、「《哈姆雷特》真的是寫盡人類委曲的內心語言嗎？」、「如果我是駱駝祥子」、「《羅密歐與茱麗葉》的現代意義」四篇討論文章，作為認證時討論的根本。

正式認證時，老師要我先對於這幾本書做簡單的心得報告，並針對我對每本書的心得做討論。而當我們彼此意見有所不同時（像是：《駱駝祥子》中，人們是否能夠完全對抗了環境？），我們會再針對這個問題提出彼此的看法做討論。在我們討論完心得後，老師再拿出了其他作家對於這些書籍，所寫的一些評論給我參考。接下來我們再把這次認證的書籍拿出來，針對一些重點段落，去討論書中人物的性格安排、對話設計，並嘗試去體會在該背景下，書中人物以及作者所表達的意涵。最後我們針對「新文藝復興閱讀計劃」以及書單，再度做了一些討論，作為認證的結束。

這一次的認證，對於已有個人閱讀習慣且喜歡閱讀的同學，可以說是一大福音。一般在交大，學生大部分的時間都放在課業、系上的主科上，而其他剩餘時間，也要拿去準備通識的報告，所以沒有機會好好地唸一些課外書籍。而這門課的認證，讓喜歡閱讀的同學，在通識課裡，多了一種選擇，我們可以把平常寫報告的時間，拿來好好閱讀幾本自己喜歡的書。

也因為這門課的認證時間很自由，所以我們更能充分地利用時間，好好地找自己喜歡的書，而不用像一般通識課，只能按部就班地準備考試範圍。而我們平常在個人閱讀時，也比較少有機會和別人一起討論；然而在認證的過程中，我們卻有很多機會可與老師以書籍內容為焦點，進行討論；對原本多為理工掛帥的交大人來說，這也是很好的成長。相信這樣的課程假以時日，當能為交大人大幅度地添加文藝氣息。

給還沒參加認證的同學以及學弟妹的話：

「新文藝復興閱讀計劃」是一個很難得的機會，如果學弟妹對於閱

讀以及聆聽大師的演講有興趣，但是卻苦於常常要準備課業而無法付諸
行動，這個計劃是一個很好的選擇。你不但可以把上課時間換成讀喜歡的
書，有時間聽演講，而且也能修得通識學分，眞是一舉多得。參與認證的
老師，人都很和善；認證時，也提出許多不同的角度，給我參考與思考。
我眞的非常推薦凡喜歡閱讀的同學以及學弟妹，一起來參加這樣的閱讀學
習計劃。

（新文藝編輯團隊清校）

個人閱讀〈聖經導讀〉文字的感悟

劉建谷

　　《聖經》這本著作，我以前從來沒看過。我對《聖經》的印象和很多的學生也許並沒有什麼不同，我知道它是一本記錄上帝事蹟的著作，包含很多故事，闡述上帝的道，一如其他宗教的經典。我也和我大多數還不是基督徒的同學一般，對不厭其煩寢寢宣攔路，甚至電話問候的基督徒學生們相當害怕，我曾經覺得基督徒可能跟回教徒一樣可怕，他們送的《聖經》我是既不敢丟(因為畢竟是上帝的經典，隨意丟棄心裡總覺得過意不去)，也不想看。不過〈聖經導讀〉(—交大新文藝復興閱讀計劃導讀文集:《說書》，pp.20-54)這篇文字給了我一些不一樣的感受。

　　我家裡是信奉佛教的，從小每天就要上香，大約高中時還度過一段早晚讀經的日子。《大悲咒》，《心經》我能背得出來，也看過很多關於佛教神明的故事傳說，就我比較熟悉的這兩個宗教(即:基督教與佛教)來說，其中似都有背負世人的罪，為凡人犧牲的故事在，如地藏王菩薩的「我不入地獄誰入地獄」，基督的十字架。宗教的意義於我，無非是導人向善，只是我從來沒有想過我的信仰，我只是信一個宗教。或者說我對這一切並沒有特別的感動，我只是在聽一個故事，作一件例行差事，把早晚課當工作一樣看待。

　　這篇〈聖經導讀〉完全不是這個概念下的產物。可以看得出來老師無時無刻都在體驗上帝的存在，從每一部小說，故事，電影，連續劇，每個

地方都看見上帝，對於上帝的言行教誨深信不疑；相對於我來說，這也許才是真正的信。每天閱讀經典卻沒有任何體會感動，就只是在看一本書而已。我才在想如果我一樣看見了這些故事，我會想起上帝啟示眾生的恩典嗎？如果我沒有想起，是不是正因為我並沒有真正的信呢？

　　這學期由於選修本校通識中心「聖經文學與電影」課，閱讀了《聖經》，我看了很多關於上帝的事蹟。對一個現代的年輕人來說，我對於宗教並不能算是盲目的信仰。我曾懷疑過自己信仰的神，曾經想過祂是否不存在，是否只是古代人們的自我慰藉，我想過好多好多疑點，卻沒有想過：如果我不信祂，祂要怎麼救我。我想起一個 *'Facing the Giant'*（〈永不放棄〉）電影中的故事：兩個農夫向上天求雨，一個農夫求完雨就開始整地，另外一名卻只是不停地嘆氣，那誰才是真正相信上帝的人？我想我是後面那個農夫吧！而如果我能變成前面那個農夫，我想我可以對自己的信仰、對別人的信仰，都有更深一層不同的理解了。

　　〈聖經導讀〉的部份很多，我並沒有挑選經卷介紹，還有一些推薦書籍的部份來多加描述，因為我選的這個部份在某種程度上其實一直困擾著我，但從作者的〈聖經導讀〉，我想我可以找到信仰的意義，以及信仰的正確態度，我認為這對我來說，比知道我應該去哪邊閱讀什麼相關書籍更加重要。

（新文藝編輯團隊清校）

Assessing the Impacts of Classics on Communication Research

楊台恩 （國立交通大學傳播研究所副教授）

「新文藝復興閱讀計劃」對傳播研究的衝擊分析（中文提要）

　　本研究聚焦在經典閱讀如何造福於傳播研究，或其他的科學研究。這項研究是建基於兩年半實地觀察一門課程:「新文藝復興閱讀計劃」（簡稱NRRP）。這門課程目前開給交通大學大學部學生選修，不過，歡迎全校及校外人士旁聽。

　　本研究發現，經典閱讀可爲傳播研究帶來以下的七種好處：

1)新的研究主題　　2)新文獻

3)新的理論　　　　4)寫作技巧

5)創意　　　　　　6)外來的刺激

7)跨領域的洞察力

　　傳播媒體在今日遇到的危機與挑戰是：網路的使用，似乎使所有傳統媒體的收視率與閱讀率下降，最直接影響是：廣告收益下滑；而媒體紛紛上網，到目前爲止，沒法從網路得到很好的收益。

　　所以，本研究總結：在許多方面，經典閱讀似可爲今日傳媒的困境指出一些研究與實務的方向，可以根據以上的七種好處進一步作實證研究，加以探討。

Abstract

This article focused on how the classics can benefit the communication research or any scientific research. The study was based on two and a half years' field observation of the New Renaissance Reading Project, an undergraduate course offered to all people who are interested in reading classics at National Chiao-Tung University.

Reading classics can benefit any field of study, we suppose. As one Nobel Prize winner Yuan-tseh Lee once said, works of art, humanities and classics may bring you greater imagination and hence enhance your creativity even in scientific discovery. But reading classics may benefit different fields in different ways.

Communication studies used to be called the crossroad of different disciplines. And communication media are now undergone drastic change--- the advent of inter net, hence, we are witnessing so many newspapers and other media's circulation and viewership dwindling quickly. At this critical moment, reading classics may give us the insights and crazy ideas of how to renovate the media. And the classics may shed some light on the future of the media.

There are many other benefits of reading classics for communication studies, such as improving media writer's writing skills, broadening the researcher's mind, and helping us do paradigm shift and opening up one's inner world. So, reading classics can really help the communication research and studies in many ways. And this article discussed those ways with insightful examples.

"Classics are, in many instances, the revelations of heaven, therefore, they may guide the present and the future of mankind."

------Anonymous

I. Introduction:

As Søren Kierkegaard put it, "It is quite true what philosophy says: that life must be understood backwards. But then one forgets the other principle: that it must be lived forwards."[1] That is why we need the classics to guide our lives in many aspects, especially in research, which we usually do not have a clue about what we can discover.

The president of National Chiao-Tung University (NCTU) Dr. Chung-Yu Wu initiated this course New Renaissance Reading Project (NRRP) to all students in September, 2007, but he did not realize how this course could benefit or impact other people on campus and off campus. I, as a communication professor, teaching in the field of journalism, looked at this course from the perspective of communication research and offered my ideas as to how this course might benefit the field of communication research. Perhaps, I suppose, these ideas regarding NRRP can also be applied to other fields.

The following points have been derived from my two and a half years' first-hand observation of this course. As a professor of this university, I was initially enticed by the topics of the lectures in the university bulletin boards in early 2008. From that time on, I would attend the lectures from time to time. But in September 2008, I started to attend the lectures regularly, because I really benefited a lot from the course. The first benefit I noticed was that I could easily get a classic book by asking a question. That was a great incentive for anybody including me. But I found that the book rewards helped me think actively and creatively during the two hours' lecture—that I can think actively is actually a better reward than any books!

Also, the teaching job at NCTU is not easy. So, I came to NRRP to find some relaxations. Sometimes, to immerse my mind in a totally different field is a great relaxation for me. Later on, I found that I could benefit from the teaching methods of some great lecturers. So, I quickly applied these new methods in my own teaching. Of course, I used whatever new ideas I got from this course in my own teaching job, which often resulted in better teaching evaluations in my own courses.

One day, it suddenly occurred to me that since NRRP can benefit me in every other way of my university career, it must have something to do with my research career. So, I started to think in this aspect, and the results were very fruitful. Hence, there came this paper.

II. Literature:

A lot of literature was covered in this course. During this study, at least 40 classics were covered in the lectures. And a lot of materials outside the 40 classics (a list of those classics can be found on the NRRP website[2]) were consulted. Some great examples of those classics and materials were presented in the results section below. So, we might say that in term of 'when', the literature covers at least 3500 years (The first book of the *Bible* was probably written 3500 years ago.) and in terms of 'where', the literature covers many countries in the world.

As to the literature about communication research, I have cited a few examples in the results section below. As the previous researches have shown, communication study is a crossroad of disciplines,[3] so, we need all kinds of nourishments from different disciplines. Therefore, a lot of literature from other fields may benefit the communication research. And the examples would be found in the results section below.

The major research question was: In what ways, can NPPR benefit communication research?

We can further divide the above broad question into seven sub-questions:

1) How can the NRRP benefit the topic selections of the communication research?

2) How can the NRRP benefit the literature aspect of the communication research?

3) How can the NRRP benefit the theory construction of the communication research?

4) How can the NRRP benefit the writing process of the communication research?

5) How can the NRRP benefit the creativity of the communication research?

6) How can the NRRP become an outside stimulus of the communication research?

7) How can the NRRP become part of an integrated effort of the communication research?

III. Methodology:

The method of this research is participatory field observation. I have participated in the NRRP course for about two and a half years. That is to say, there were 60 lectures during these two and a half years, but I did not join the lectures every time. So, I probably went to the lecture for 50 times. The first one and a half years, I was purely one of the audience. The last one year, I was invited to take part in the coordination of the course. Both of the stages were very fruitful, because I got to see different aspects of the course.

From the audience's viewpoint, I got to experience how this course may benefit my research. I frequently got some fresh and crazy ideas from the lectures and the classic books. But from a coordinator's viewpoint, I got to know why we have invited some of the speakers and why not. In other words, I can see this course from a structural point of view. That gave me some deeper thoughts about communication research.

For example, for the book: *The Protestant Ethics and the Spirit of Capitalism*, by Max Weber, we initially planned to invite a retired professor from National Central University. But he was very humble and said he was not qualified to talk about this book. Instead, he recommended a pastor, who had a strong sociology background, to give us that lecture. That pastor came and gave us an excellent elaboration of Weber's book.

A lesson we have learned from this experience: In order to understand Weber's seminal book mentioned above and how it is related to you , you not only need sociological background, but also theological background. Therefore, a pastor was much better than a professor in interpreting Weber's book in that particular lecture held on March 6, 2010, at NCTU.[4]

Field observation is a qualitative method of research, which means the study's results may not be valid for many other situations. But field observation may be very useful for exploring a subject, because it can usually go deeper than the quantitative methods.[5] And that's exactly what we want to do in this research---to explore the deep impact of this course on communication research.

IV. Results:

There are at least seven great benefits of NRRP to communication research:

1. New Topics:

"There are rare sources of ideas in ancient books."

--- Hsiao-Feng Chang

According to a famous and prolific Taiwanese writer Hsiao-Feng Chang, her new ideas of articles or books often evolved from reading ancient classics. She presented this brilliant idea when she gave a lecture titled: "How to Find a Good Topic in Literary Writing" at NCTU.[6] Chang said, the modern books are not difficult, everybody can read them and have access to them. But, those old books, you might say, "Oh, no, too many people got headaches whenever they opened those old classics (There is the language barrier, for ancient Chinese and Western classics? Of course)" But, that's exactly why we can find the rare sources of ideas in the old books---not too many people can understand and appreciate the old classics.

Chang cited an example from an old book published 1000 years ago, which recorded the trace of Big-foot in Central China near the Yang-Tze River. Chang said this anecdote could be used to write a good novel. Chang herself found a little story from a history book 2000 years ago, and developed that story into a famous drama called "*Ho-shih Pi* (Mr. Ho's Jade Disk)."[7] That drama was a hit in Beijing and was performed for 80 days.

One extreme example of reading classics Chang mentioned was Tsung-wen Shen, who only spent 6 years at school, and who joined the army when he was very young. But, in the army, the only book he could find was a big Chinese dictionary, so everyday, he read a portion of the big dictionary—the dictionary was full of quotes from classical works, and eventually, he became a famous writer and almost got the Nobel Prize in literature, had he not died several months earlier.[8]

The similar principles can be applied to communication study.

For example, Sun Tzu, the greatest military strategist in China 2500 years ago, used to talk a lot about strategies in his great work called *The Art of War*[9]. In a modern day election, we can find a lot of public relations (PR) practices which use Sun Tzu's military strategies. Therefore, modern day PR campaigns may be analyzed by Sun Tzu's defense and offense tactics. Similar analysis can be applied to Mo Tzu[10], who taught loving one another and no-offense to all countries. He and his disciples taught many rulers and countries how to stop the war. And they would run to weak countries or cities to help them survive the enemy attack.

Both Sun Tzu and Mo Tzu's teachings may provide great topics for the PR research in the analysis of offensive and defensive strategies.[11]

2. New Literature:

The classics offer a great body of literature for communication research.

If you want to do any research well, you must have enough literature. Therefore, the classics offer a great body of literature, which contain literature of the East and the West, even the Third World countries may offer the world a great body of ancient books. So, there are a lot of stuff in the classics that can be used in our research. Of course, we still need to start from the Social Science Citation Index in order to utilize this great body of literature.

Let us just look at one example and see how this body of literature works in different field. In sociology, there is the Matthew Effect as follows:

> For everyone who has will be given more, and he will have an abundance. Whoever does not have, even what he has will be taken from him.   ----(Matthew 25:29, NIV)[12]

This effect can be seen in many fields, for example, in the knowledge Gap hypothesis, those have's and have-not's will have a great difference in their knowledge level because of different social economical status, which eventually will produce a knowledge gap.

The same principle can be applied to those who have computer and those who do not have computers—which they used a new term---the digital divide that can be applied to many future studies on internet access.

Therefore, for those who have computers (for example, people in the U.S.), they will have access to a lot of resources on the internet, and hence, arguably, they will be more abundant in many areas of their lives. But for those who do not have computer access (for example, people in an African country), there may be a poorer living condition physically or mentally or spiritually.

Within this body of literature, there should be a lot of previous methods that can be applied to our current studies. Also, there should be some ancient wisdom that can be applied to other parts of the research.

One modern day example of the Matthew Effect appeared in the news report in 1994 when I was a Ph.D. student in the United States. One night, the CBS evening news reported the so called "Yacht Scandal." According to the CBS story, Stanford University got too much funding, so they bought several yachts in order to spend the extra money. While the universities of the Mid-west all complained about the low funding rate for their researches, the universities on the East and West Coast of the United States spent the surplus money to buy yachts. That was really unfair, but that was the Matthew Effect. No wonder scholars and professors all flocked to the East and West Coast of the United States after getting their Ph. D. degrees.

3. New Theories:

Communication is a synthesis of different disciplines.

As Wilbur Schramm put it, the study of communications is a crossroad of disciplines.[13] Many scholars came from a wide range of disciplines, such as sociology, psychology, political science, anthropology, computer science and you name it. These people from different disciplines will naturally go back to their own disciplines to find nourishments and theories for research. Therefore, it will be very natural for communication studies to get enlightenments from a variety of the classics which normally contain all fields 1000 or 2000 years ago.

209

Otherwise communication will be too shallow.

The history of communication research is a history of borrowing theories from other disciplines. (for example, agenda-setting from political science, and network theories from sociology) Therefore, the communication research will be enriched if we can borrow from the classics which contain all disciplines, and of course, connect those theories with communication research. The Matthew Effect cited above is just another good example of borrowing theories from the *Bible*.

4. Writing Well; Writing Long-term Issues:

Just like any media content, communication research needs good writing.

For communication studies, whether you do the field work or the research, writing well is the basic requirement. Because almost everybody in this field can write well and is expected to write well.

Because we need to write well, we need to read the classics---learning the writing by imitating the best works in terms of structure, syntax, and enlightenments. An interesting example comes from the case of Wilbur Schramm, who got a Ph.D. in English Literature and who used to be the head of a writing program in the University of Iowa. Having done some wartime propaganda work in Washington D. C. to help the United States War Department, Schramm went back to the University of Iowa to underatake a new position as the Dean of the School of Journalism and Mass Communications, where he applied his great writing skills to help promote his newly-found cause--Mass Communication research.[14]

From a retrospective view, Schramm had a great success after WWII in the field of Mass communications because he had learned to write well in his early years.[15] Therefore, he could easily integrate other people's research results and make them understandable to the general public.

Furthermore, communication research needs in-depth and in-width writing. Communication studies is a discipline that needs to face and educate the public, therefore, those who are in this field should cultivate themselves with more classics. Otherwise, the lack of cultural depth and width will be reflected on the content of the media, which is exactly the problem of the current media.

Also, Media education is a professional education, therefore, we need to be very strict and set very high standard in the product quality. And classic reading can help build up the students' discipline and elevate their performance in the media coverage.

Last but not least, classical works can remind the communication researchers to pay attention to the long term issues, instead of short term effects. Journalists, as well as communication researchers, are often more short term oriented, as many critics put it, so they need to be immersed in some classics to become more long term oriented.

5. Creativity:

This course provides some crazy ideas (creativity) for communication research:

Classics can give you creativity, imagination, even the natural scientists need classics to help elevate them in these two aspects.

---Yuan-tseh Lee[16]

The process of communication takes creativity, therefore, the classics can provide some creative ideas that the process of communication needs.

As Chang, Hsiao-Feng said, reading old books could give her a lot of writing ideas, not to mention reading classics.[17]

To some people, this may be a common sense, but we still need to elaborate this point here: Creativity is related to imagination, imagination is

211

related to the works of arts and literature and classic works. Therefore, to be a creative media researcher, you have to read those classics in order to stimulate your imaginations. For example, a college student was not sure if those arts and social science courses were of any value to him who is an engineer major. So he asked a Nobel Laureate Dr. Lee, Yuan-Cheh about the value of these courses after a recent lecture at NCTU. Lee emphasized to him that these courses were very related to his imaginations which may be very critical to his problem-solving ability in the field of engineering.[18]

In the appendix of Sociological Imagination, C Wright Mills pointed out why a researcher needs to write a paper: the writing process of the researcher will open up his inner world, and open up a lot of possibilities. Therefore, simply by reading classics and taking notes, our imagination and creativity may have a great chance to soar in the sky.[19]

6. Outside Stimulus:

"Monks from afar can read the (Buddhist) scriptures better."[20]

Sometimes, outside stimulus (the outside monks, or the classics), may bring you unexpected blessings.

When you attend a lecture of NPPR, you will often learn from the speakers great lessons which will benefit your research. The speakers are usually from a different academic discipline, and they are usually well-experienced and well-established scholars, therefore, they will provide fresh ideas for your research papers.

Here, we have a good example of the Chinese learning from the Soviet Union: People, or systems, unrelated to you on the surface, may bring you great benefit or impact. Prof. Chien, Li-Qun, retired from Beijing University two years ago, wrote more than 30 books in his lifetime. And now, he is 70 years old.[21] He said when he was 23 years old, as a high school Chinese teacher, he was ordered to write down all the words that he wanted to say to the students in his lecture notes. Because the high school party commissar wanted to censor every teacher's thoughts, so he ordered them to write down every word of their lecture. And the commissar would randomly check his lecture notes for any anti-revolutionary thoughts.

That was a great torture and humiliation when he was 23 years old during his first year as a high school teacher in China. But now, after 47 years, it turns out to be a great blessing in disguise---it becomes his habit to write detailed, word-for-word lecture notes. So, whenever he gives a lecture somewhere, an article will be born before the lecture is presented. And it may be published later as a chapter of a book or a journal paper. This censorship of thought system did not originate from China, according to Chien, it actually came from the Soviet Union.[22] Therefore, outside ideas might give us unexpected stimulus, and later on unexpected fruits or blessings.

As the saying goes: You can't teach an old dog new tricks, but if you can bring the old dog to a new environment, he may die, but if he does survive, he may be transformed greatly and may achieve something great. "Sometimes a violent beast may be just a great blessing in disguise," as Nine Knives put it.[23] In Chien's case, the violent beast from USSR really is just a great blessing in disguise.[24]

If you want to have better imagination and creativity, sometimes you have to look at things from a different perspective. i.e., the outside stimulus (the classics) may create great insights in you. For example, why did Damon Winter win the 2009 Pulitzer prize in Photo-Journalism? Because he is very creative, and why is he very creative? Because the famous photographers he admires are not photojournalists. He has some outside paragons to learn from. So, his photographic style can be quite different from his peers who learned their skills from people in the media business.[25]

Outside Stimulus May Cause Paradigm Shift In Reasearch

This brings up another point: Classical works can help the communication researchers do the paradigm shift. That is to say, if you don't want to look at things always from a fixed perspective, then you need to take advantage of reading those classics which may help you make a sudden leap from your old perspective to a new perspective.[26]

Just like the King David stories in the *Bible*, many people in King David's time (c. 1000 B.C.) viewed the bears, the lions and even the giant Goliath a great disaster to their lives, but King David viewed all of them stepping stones to his throne. Eventually, David was right, and all other Israelites, including King Saul and David's elder brothers, who hid themselves from the giant (and perhaps, previously, also hid themselves from the lions and bears), were proven wrong. But before the slaughter of Goliath, many people thought David was crazy.

David was not crazy. He was just a man of faith. And he got his faith (Outside stimulus caused some great leap in his faith.) from the classics (The *Bible*).

7. Inter-disciplinary insights:

"If you want to get some light, find it between two big trees."[27]

"Pains (toothaches) may help you learn difficult or new things that normally you can not learn when you are relaxed or lead an easy life."

---Anonymous

Astronomy + History = Science and Technology History

---Professor Yi-long Huang's career

This two-big-tree metaphor came from Professor Yi-long Huang, who teaches at our neighbor university—National Tsing-Hua University (NTHU). Huang received his Ph.D. in Astronomy, and eventually, earned his tenure in the Department of History, NTHU. And his major field is science and technology history.

Huang's theory is: Astronomy is a big tree, and History is the other big tree, but he could hardly find any light under Astronomy or under History. It was very dark right under both of the trees. But he found out that if you could walk to the middle of the two trees, then you could find some breathing area and some sunlight because there were no leaves there. Huang expressed this brilliant idea in a speech at NCTU two years ago.

In the same manner, if we can find a space between or among the classics, or more importantly, some midway between your own discipline and those classics, then you may see the sunlight there. Here, the sunlight means: the new scientific discoveries, new ideas, new inventions, or new enlightenments.

V. Discussions:

Golden Rule of the East:

"Do not do to others what you would not have them do to you."[28]

---Confucius

Golden Rule of the West:

"Do to others what you would have them do to you."[29]

---Jesus

"The first may have some answers for the last! Because the first and the last may be identical?"

---Anonymous

The first two sayings are from the classics. And both of these sayings remind us what to do or what not to do in our lives. While our lives are full of troubles or challenges, these words may give us the steadfast guide as to how we should steer forward.

So, classics don't only give you wisdom to succeed in your research, they also offer wisdom for your daily life. And, best of all, your research and your daily life are correlated by the classics.

Currently, the media are facing a great challenge of new technology—the internet. The circulations of U.S. newspapers are shrinking rapidly. All traditional media are not doing very well. A lot of the new audience have gone to the web, yet, for the mass media, there is no good mechanism to get the revenue from the web. But a crisis can be a turning point, maybe we can get some inspirations from the classics—especially in the area of the history of technology.

On October 7, 2009, the NRRP invited Mr. Ta-kang Ting to give this course a lecture on: "*Lao Tze* and High Technology" Ting is a senior vice president of Nan-ya Technology Co. specializing in IC chip design. His main point in the lecture was that he did not understand *Lao Tze* until he was 40 something. After 45, he realized that *Lao Tze* understood IC chip design 2500 years ago. And he offered a course entitled, "*Lao Tze* and IC Design" in the Department of Electrical Engineering, National Taiwan University, his alma mater. He further emphasized that *Lao Tze* also understood the economics and many other disciplines. The only problem was that he did not understand *Lao Tze* when he was 10, 20, or 30 years old. And he gave the audience many evidences to verify his point.

Media often bring new impacts and new concepts to the society. But what about the media themselves, can the media be renewed in this era? According to Ting's views, I think the answer is: Yes! The past may have some answers for the future! What we have learned from media history is that media never die, they just mutate to meet the environments. So, that is good news for the current media internet crisis. Today's media can mutate to other forms, but they will not disappear in the advent of the internet, just like what they did 100 years ago, or 50 years ago.

Therefore, what the classics can offer to the communication research may be summarized into the following:

1) New topics: The transcendental wisdom that may help the communication research and the media industry move forward smoothly.

2) A great body of literature to start with

3) New theories: Some insights to the solutions of the current media problems

4) Writing skills: The professional training (especially the impact to good writing) for the media researchers and media workers

5) Creativity: Shedding some light on the past, the present and the future of communication research and media industry.

6) Outside stimulus:

7) Interdisciplinary insights:

Suggestions For Future NRRP Courses:

This course is now only offered to undergraduate students. Our suggestion is that NCTU can offer this course to graduate students for credit hours. After all, their research may need some crazy ideas from these classics!

For those who take this course, class attendance is very important.

Therefore, we may give each student 2-5 points if he/she can attend one lecture and send his notes to our website (so that other people may benefit from his notes).

Limitations of This Study:

This is a participatory field observation. We did not do some quantitative study on the 300+ students who took the course. So, our findings can not be generalized to other cases.

In the future, we can do some surveys among the 300+ students and get some ideas about where the course should go.

Due to time and resources limitation, we did not have a chance to interview faculties from science and engineering background. But we do know they come to the lecture very often and they are very interested in these lectures. So, an in-depth interview with them would result in interesting discoveries in the future.

We realize also that citizens of the Hsin-Chu community are very interested in this course. That can be demonstrated by the deep questions they asked from time to time. So, an in-depth interview with those community members would be a meaningful inquiry for this university which considers the course as a feedback to the community.

ANNOTATION

1. Søren Kierkegaard, *Papers and Journals: A Selection*, trans. Alastair Hannay (London: Penguin Group, 1996), 161.

2. To see the list visit NRRP's website: http://web.it.nctu.edu.tw/~nrrp/index-en.htm On the website is another list by the University of Seoul. A comparison of the two lists reveals interesting aspects of cross-cultural communication.

3. Wilbur Schramm, *The Beginnings of Communication Study in America: A Personal Memoir* (Thousand Oaks, CA: Sage, 1997).

4. A video archive of this lecture can be accessed on NRRP's website: http://www.im.tv/vlog/personal/1554756/6454647

5. See Roger Wimmer and Joseph Dommick, *Mass Media Research: An Introduction*, 9th edition. (Belmont, CA: Wadsworth Publishing, 2010), 114-54.

6. The lecture was held on October 29, 2008 at NCTU. Hsiao-Feng Chang is a prolific female author who has written over 40 books in different genres such as prose, poetry, fiction, drama, and essays.

7. The original story is found in Chapter 13 of *Hanfeizi*, which was written by a famous Chinese philosopher of the same name (c. 281-233 B.C.). He belonged to the Legalist School.

8. In 1988, the Nobel Prize Committee tried to locate him in China. They asked the Chinese embassy in Sweden, and the embassy replied, "We have never heard of this person." Actually, he had died several months prior to this. (See http://zh.wikipedia.org/wiki/沈從文, accessed on November 26, 2011). After the Communists took over in 1949, Shen changed his profession to the research of ancient clothing for fear of persecution. He did not write any more novels after 1949.

9. *The Art of War* was published between 515-512 B.C. It is comprised of 13 chapters and has had a great influence on military strategies of different countries. It has also been used in a variety of fields outside the military, such as management, election campaigns, and PR practices. There are more than 17 different translations just in English alone, so you can see how popular this book is in the world.

10. Mo Tzu (c. 479-381 B.C.) was a great Chinese scholar who taught people to love one another and not to attack one another. His teachings resemble Jesus' teachings in a way.

11. These two scholars could never have imagined that their teachings could help the practice and research of public relations more than 2000 years later.

12. In the *New Testament*, there are three other verses that teach this same concept: Matthew 13:12; Luke 8:18, and 19:26.

13. Wilbur Schramm, *Mass Media and National Development* (Stanford, CA: Stanford University Press, 1964).

14. One of his contributions to the University of Iowa's School of Journalism was to add two words "Mass Communications" behind the word "Journalism." That addition started a new era of the communications education. Nowadays, many newly found schools or colleges often call themselves the College or School of Communications. The word "journalism" has become implicit rather than explicit in school or college titles.

15. Wilbur Schramm went to the University of Iowa because he had a stuttering problem. He received his BA at Yale and learned that there was a great speech pathologist at the University of Iowa. In order to treat his malady, he moved to Iowa and got his MA and Ph.D. degrees in English Literature, during which he received treatments. In Schramm's case, we may say that his stutter might have given him greater motivation to write well. And writing well might have afforded the opportunity to excel in the field of communications. Following this logic, his stutter may just have been a blessing in disguise.

16. Quotation from a lecture given at NCTU on Nov. 30, 2009.

17. See note 6.

18. Yuan-tseh Lee was a Nobel Laureate in Chemistry in 1986. He gave this speech at NCTU on Nov. 30, 2009.

19. Mills, C. Wright, *The Sociolgoical Imagination* (NY: Oxford Univ. Press, 1959; reprinted 2000).

20. This Chinese saying means: Outsiders may do things better than insiders, because insiders are often looked down upon in an organization, probably due to familiarity.

21. Li-Qun Chien, professor emeritus from the Department of Chinese Literature at Beijing University, was a visiting scholar at NCTU from June to November 2009. This account was given by Professor Chien after his lecture at NCTU in Nov 2009.

22. The USSR was founded in 1917, 32 years before the Chinese Communist regime was founded. Because of this, China borrowed many ways of doing things from the USSR after 1949. Professor Chien's case is just one minor example of the total social control that was common then.

23. Nine Knives is a pen name of Ching-Terng Ke, a famous online novelist in Taiwan. He used to be an undergraduate student at NCTU. He came back to the university and gave a lecture for the NRRP about how he started to write novels. He contributed his hobby of novel-writing to his failure on the graduate school entrance examination. He said, "At the moment of failure, it was a great torture for me. But later on, the failure turned out to be a great blessing because I took the failure as a great motivation to write online novels."

24. Professor Chien said that this course he offered at NCTU every Tuesday night from 6:30 to 9:30 will most likely result in one more book being published in Taiwan, with a working title of: *Mao Zedong, the Republic and Me, 1949-2009*. (In Press)

25. The 2009 Pulitzer Prize Winners Workshop: Journalism 3.0: Rethinking the Concept of Professionalism, National Cheng-Chih University, November, 15-16, 2009. This viewpoint came from the workshop conversation with Damon Winter, who is a photographer for the *New York Times*, on Nov. 16, 2009.

26. Thomas Kuhn, *The Structure of Scientific Revolutions* (Chicago: University of Chicago Press, 1962).

27. A quotation from the lecture of Yi-long Huang, held at NCTU in April 2008.

28. *Analects*, Chapter 15.

29. Matthew 7:12 (NIV).

（Trever B Mckay校正註釋，作者清校）

竹客

"To play good violin, you have to set your eyes on the distant star."

—— 一位猶太音樂家的忠告

「文學和藝術當中，蘊藏著通往神蹟的鑰匙，文藝使我們能超越只從自己貧乏的人生去學習的習慣，進而從別人的經驗中，吸取益處、得到力量，文藝使我們能進入全人類的經歷、神蹟與異想世界中，並使我們可以脱離自己，再重新看自己。」

—— 索忍尼辛[1]

「含有真理的一個字，份量比整個世界還重」

—— 索忍尼辛[2]

武陵農場的星空

「在所有星星中，因爲地球自轉又公轉的關係，只有北極星[3]是不動的，所以古代航海的人，就常拿它來定方位。其實，北極星並不特別亮，

---

1 此段話，摘自1970年諾貝爾得主索忍尼辛的得獎感言。

2 同註1。

但它卻成爲全人類定方位不可或缺的一顆星，對古代航海者有莫大助益。當然，南半球就會看南十字星座[4]定位。」以上是我們全家在武陵富野賓館的戶外，聽到星星解説員對我們所作的精闢講解。

2010年的暑假，兩個孩子參加完大學及高中聯考後，我們全家一同去武陵農場散心，舒解這一年全家緊繃的壓力。能夠有此假期一同到野外放鬆，大家都很興奮，因爲也很久沒有一同出遊了；出乎意料之外的是，眞正精采的風景，不在白天，而在深夜。因爲那是一個沒有光害的地方，所以，台北市基河路的天文館，每天都派有一個解説員在武陵農場爲大家解説星星之美。

那一夜，我們看星星看夠了本。

那一夜，筆者眞的被那銀河系的物換星移所震撼了，解説員説：「在天空的中間，你會看見一大團星星，它的形狀有點像一個大飛碟，中間厚，兩端薄，遠看，你會以爲是一團雲，但其實它就是所謂的銀河，好像星系形成的一條河。而太陽系，其實只是銀河邊緣的一個小星系。銀河中，還有牛郎、織女[5]隔著銀河遙遙相望。」解説員一邊指示我們，如何根據距離、相關星星，找出牛郎星和織女星，一邊述説著牛郎、織女他們淒美的故事。

然而，他整晚講最多的，還是各種星座中的希臘羅馬神話故事，可能是因爲希臘人是個航海民族，他們晚上靠星座找方位的需求很大，星座的故事也就很多。但是，使人印象最深的，不是這些神話故事，而是那浩

---

3 如何使用星座找北極星，武陵星星解説員那天晚上教我們兩種方法：(在yahoo知識加中亦可找到如下説明)

　1)北斗七星外型像家裡的水瓢(勺子)，順著斗杓最前面兩顆星(也就是天樞、天璇)延長大約五倍，就可以找到北極星。

　2)仙后座有五顆亮星，排列起來就像英文字母『W』。我們將『W』的兩端線往下延伸，再由交會點向中心的星星延伸一直線下去，也可以找到北極星。

4 如何找到南十字星，請見yahoo知識加。

5 如何找牛郎、織女星，請見yahoo知識加

瀚的銀河。而且，隨著地球的自轉，這數不清的星星，每晚在人類眼前，由東方升起，西方落下，而最精采的星空秀聽說是在凌晨2-3點時候開演（這是向武陵農場值大夜班的櫃檯人員打聽來的）──可惜，最精采的戲，地球上沒啥人在看，不知浩瀚的星空秀，是在演給誰看的？

EYES UP－花了33年才讀懂的一篇文章

　　首次清楚地看到銀河與那麼多星星，使筆者心頭大爲震動，也使我想到一個令人落淚的看星星的故事，記得高二讀英文《遠東英文讀本》，有一次讀到一篇課文，它的標題叫做‘Eyes Up！’：是講一位猶太小提琴家的故事[6]。這位主角回憶當年四歲時，去上小提琴課，他的老師提醒他的金玉良言。小提琴老師說："To play good violin, you must set your eyes on the distant star."那個四歲的孩子當時不太懂那句話的意思，筆者高二讀那篇文章，也讀不太懂，但筆者在武陵農場看星星時，突然弄懂了那句英文的意義。原來，要讀懂一篇文章有時候要花33年哪！因爲，其實那句英文每個字，筆者高中就懂了，我不懂的是星星的運動規律，更不懂的是人生的規律[7]！

　　話說那位猶太人長大以後，成爲一個著名的音樂家。二次大戰後，有一天，德國有人寫信邀請他去演奏小提琴，他答應了；卻沒有想到，全世界各地，很多猶太人排山倒海地來信、來電阻止他去，理由大致不外是：納粹德國殺害了那麼多猶太人，他怎麼還能去與這些殺人兇手或其後代爲伍呢…諸如此類的話。

　　但這個猶太小提琴家把他的眼睛注視著遙遠的那顆星星，還是力排眾議地去了。當他演奏巴哈、貝多芬、舒伯特等德國音樂家的樂曲時，底

---

6 有朋友讀了筆者的文章，去考證之後告訴筆者，‘Eyes Up’這篇文章中的主角，應該是Yehudi Menuhin，美國猶太裔小提琴家，1916年生於紐約市，1999年在德國柏林逝世。他三歲開始學小提琴，十三歲已卓然有成，到柏林演奏時，愛因斯坦正好也在座，聽完他的小提琴演奏大爲感動，嘆道：「我現在才知道，天上果然有上帝」。

二次大戰後，Menuhin成爲納粹大屠殺以後，第一個到德國演奏的猶太音樂家。（詳見Wikipedia）

7 有一句成語說："Time heals all."，此處也許可以稍微改一下："Time solves all."？

下的德國人很多都哭起來了；很多德國觀眾後來說，他們沒有想到一個猶太人竟如此地了解德國作曲家，竟能夠把貝多芬等人的作品詮釋得如此完美感人。而他們聽到這位猶太人如此精湛的琴藝，就想到過去殘害了多少有才藝的猶太人，其中很多恐怕都可以成為很棒的音樂家，所以這使那些德國人份外難過、悔恨過去對猶太人所做的種種倒行逆施，於是他們紛紛流下懺悔的眼淚；也對小提琴家能夠獨排眾議來德國演出，充滿感動與感恩。

看星星看出「雖千萬人吾往矣！」的勇氣

這位猶太小提琴家在 'Eyes Up！' 中解釋道，去德國演奏後，他也才真正頓悟了四歲時，老師向他講那句英文的深意---你要拉好小提琴嗎？除了琴藝本身要好之外，你還需要有一個正確、堅定不移的心志、價值觀與人生定位，也就是說，你的眼必須盯住遙遠的那顆星星，否則別人一出來阻擋，你就會妥協、你就不去德國演奏、你就變調了！因此，如果你心中缺乏一個正確堅定的價值觀（那星星），那你不就失去了以音樂來為人類消弭仇恨的機會？終究，你頂多只會是個琴匠而已。但是，假如你以一個恆常不動的星星為目標（例如：北極星），你就不會輕易受周圍人動搖，你才能真正將琴藝貢獻給全人類，特別是抓住這機會，化解德國人與猶太人在二次大戰中結下的血海深仇，並粉碎猶太人亡國兩千多年來因種種歧視、虐待及遭人踢皮球而產生的積怨。

在武陵的那一夜，是讀到那篇英文的33年之後；而且是在讀了無數次，仍然不甚了了的33年之後，筆者才突然明白了："To set your eyes on the distant star" 並不是把眼睛隨便盯在一顆恆星上，因為大多數星星的位置都會隨時間推移而變動的（隨著地球自轉，由東方升起，西方落下），只有北極星是不變動的，所以在浩瀚星空之中，您還必須謹慎選擇您的眼光究竟要定在那裡。否則，您雖曾抓住一顆星〔很多人在他人生中，都抓住了某一顆或多顆星（例如：方帽子、房子、車子、孩子、錢（子）、官位、美色等等，有人稱這些事為「七子登科」）〕，卻只能隨之變來變去，無法真正持定您人生的方向，因為您誤把某顆或某幾顆恆星當成是不會動的，以致於把那些當成您人生的終極目標。可

是，您的人生，有否比這上述七子登科，或這以上七顆星星更堅定不移的目標或座標（價值觀）呢？

北海道的農夫

2007年暑假，筆者全家四口去北海道旅遊，導遊在車上講了一個小故事，使我對日本農夫做事情的專注與堅持，留下深刻的印象。

台灣遊客去北海道玩，都對那裏香甜可口的哈密瓜讚不絕口，筆者全家也不例外地一吃再吃---雖然賣得相當貴。導遊說，有一位台灣旅客想向當地農夫買哈密瓜，但講到最後，農夫竟不賣給他，他們比手劃腳，又溝不通，台灣旅客只好找來導遊，再去溝通，要問一問爲何日本農夫不賣？經過導遊翻譯，大家才弄懂：原來，那位農夫先問台灣遊客，「你幾天以後回台？」台灣遊客回答：「三天」，可是那個農夫一算，那批哈密瓜都要五天以後才會成熟、好吃，所以，堅持不肯賣給台灣遊客。

那位農夫應該也曾將他的眼睛注視著遙遠的那顆星星，因爲他沒有被短暫的利益吸引，或沖昏了頭，堅持著不能把不好吃的水果賣給顧客（他願站在顧客的角度思考）。

這就是爲何大家會搶著在北海道買哈密瓜的原因。想想看，那些賣哈密瓜的、賣蔥油餅的…賣任何東西的農夫或小販，如果他們都能eyes-up（把他們的眼睛，盯在遙遠的那顆星星上，以致於不在品質上做出任何妥協、苟且的事），那他們的生意會有怎樣革命性的改變呢？

Food for Thought：

所以，朋友，In order to play good violin, have you set your eyes on the distant star？ What is your distant star? 您的人生是否真正立基於那顆不會變動的星星上？您的人生終極關懷是什麼？筆者這篇文章所關懷的，難道僅只是把小提琴拉好，或把水果賣好而已？

再提醒一次：

"To play good violin, you must set your eyes on the distant star."

經典閱讀彷彿是在看星星！

三年半以來，每週去聆聽不同大師演講不同的經典，從《老子》到《聖經》到《孫子兵法》到《卡拉馬助夫兄弟們》…真的把筆者聽傻了，也看傻了。有多少次，心頭被這本或那本經典所震懾；又有多少次，被作者的人生經歷與苦難感動到落淚，例如：杜斯妥也夫斯基的《卡拉馬助夫兄弟們》，其實作者本人多災多難的一生也跟小說一樣令人動容[8]；還有很多次，是被演講者本身的生命故事所震撼，例如：丁達剛先生考大學之前所遇到的橫逆與劫難與他如何堅毅沉著地面對聯考，就令筆者非常感動（詳見本書 p.52，「丁達剛先生小語」）。

這一切的一切，無以名之，只能說：他們就像武陵的星空一樣，每一顆星星（經典）都在對我訴說不止一個神奇的故事；每一部經典，三年半以來，都在向筆者熠熠發光，帶來無數啟發。

看見這麼多星星（經典），感覺是：筆者怎麼就這麼傻，從來都很少駐足觀看這些美麗的瑰寶（可能是筆者所居住的新竹市光害太嚴重了，每次仰看星空，也只見少數幾顆星星而已，與武陵農場的星空，差距十萬八千里。）

所以，奉勸諸君，找一個沒有光害的地方，好好地看看星星（經典），在您生命的某個轉彎處，您一定可以找到這樣的地方的。

哪一部經典是北極星？幫我定人生的方向？

當我們欣賞星星（經典）時，每一顆都有它獨特的價值與美麗，但當

---

8 杜斯妥也夫斯基 (1821~1881)，俄國小說家，其文風對世界文壇有深遠的影響，其作品《卡拉馬助夫兄弟們》，由日本東京大學教授票選，為世界五大好小說的第一名。

杜氏青年時期醉心俄國革命運動，1849年杜氏因反對沙皇的革命運動而被捕，判處死刑，但在行刑前的一刻才被改判流放西伯利亞。在西伯利亞，他的思想發生巨變，同時，老毛病癲癇的發作也愈加頻繁。

1854年他被釋放，從1849被判死刑又改流放西伯利亞，直到1858年這十年是杜氏人生的轉折點，他開始反省自己，並篤信基督，在杜氏晚年所寫的鉅作《卡拉馬助夫兄弟們》中，可觀察到他對《聖經》的熟悉程度有多麼深，由此可見他信仰的深度。也因為他曾經差點被處死，又流放過西伯利亞，經歷很多社會底層的生活，所以本文才說：他的小說與他的人生同樣精采。

我們要為人生定方位時，卻不能隨便抓一顆恆星，因為99.99%的星星每晚都從東方升起，西方落下，只有北極星是不動的。這個真理，是我在武陵農場看星星的現場，親耳聆聽解說員講解，並親身觀察所有恆星都在動，才深切體驗到的。

所以，在令人炫目的眾多經典面前，我們可否找得到一、二部，是可以幫助我們定人生的方向的？

究竟我們能否找得到經典中的北極星呢？

尋找經典中的北極星：

當思考這一個問題時，筆者想到了天空中的星星到底可以分為多少類，一般來說可以分為：1）恆星；2）行星；3）衛星；4）彗星；5）流星；6）小行星…。其中我們肉眼所見最亮或最大顆的，未必其實體是最大或最亮的。

譬如，月亮比很多星星大，也亮很多，但它其實只是地球旁邊的一個小衛星。又如，太陽對地球來說非常亮也很大，也很重要，甚至月球的亮光也是反射太陽光的結果，但它在整個銀河系中，卻只是一個小小的恆星，比太陽更大更亮的，不知凡幾。

同理，經典之中，那些我們看來最大最亮的，對我們啟發最深的，可能只是像月亮一樣，恰好離我們最近，而它的亮光，也只是反射其他經典（太陽）的光而已。

反過來說，那些看來很小，光度很弱的經典，搞不好對我們的人生，反而是一個重要的指標（例如：北極星在北斗七星之外，但它並不是那附近最亮的那顆星，其實反而是那附近看來平淡無奇的星，但它卻可給人類定方位）。

當晚，在武陵夜空中，我們還看到一顆很亮的金星，但想一想，金星只不過是太陽系的一顆行星，它之所以亮，只是因為它距地球很近，而它其實也是反映太陽光而已。

所以，到底哪一部經典對人最有啓發性，答案只能說：要看那人在甚麼角度與位置，距離哪顆星星較近而已？有很多非常發人深省的經典，其光搞不好還是從別處借來的，這情況正如月亮與金星，對地球的映照一樣。

在這宇宙間，是否可以找到亙古不變的一部經典，足以作爲我們人生的指引呢？

這是一個開放性的問題，值得每位讀者去思考；對筆者來說：人生的北極星就是《聖經》，因爲有千千萬萬本經典甚至於繪畫、名曲由它而衍生出來，它的光並不炫目，卻靜靜地指引著很多人的一生。

然而，對您來說，也許別的經典才是北極星，但不管如何，每個人至終都要找到一顆生命中的北極星，他的生命才不會迷失方向。

這本書有點雜？

在本書送給幾位匿名學者外審的過程中，有位評審指出：本書看起來有點雜。是的，武陵的星空看來的確非常雜，但卻是亂中有序的，因爲許多星星，最後在雜亂中竟匯聚成一條銀河，使人看來非常震撼。所以，我們編輯本書時，即坦白承認，本書是有點雜，但是，這正是經典閱讀的一種特色，本來它就像武陵的星空一般，是百家爭鳴的。

然而，作爲編輯，當然我們有責任儘量將這一切文章分類整理，理出一個系統，這也是我們收到評審意見之後，立刻按評語盡力去作的修改，希望能達到不要太雜的目標。

Areopagitica: A Free Market Place of Ideas
由傳播的觀點看似有點雜的《說書二》

《失樂園》(*Paradise Lost*)的作者，16世紀的盲詩人彌爾頓(John Milton)，年輕時曾經爲了言論自由，而寫了一本小書，書名叫做(*Areopagitica*)，中文翻譯爲《言論自由請願書》（典出《聖經》使徒行傳17章19-34節）。內容是抗議英國政府壓抑清教徒的言論自由，小書中有一句名言被傳播界傳誦至今：''Let truth and falsehood grapple,⋯ （「讓眞

理和虛謊搏鬥，誰知道真理不會最終得勝呢？」）"所以，他建議政府不必控制言論自由，要開放意見的自由市場，要對真理有信心，相信讓各種意見交鋒之後，真理至終必然得勝。

是的，評審者指出本書內容有點雜，但其實，從彌爾頓的角度觀之，這種「雜」正像意見的自由市場一樣，應該是意見愈多元愈好，只要將書加以分類歸納整理即可，「雜」並不可畏，反而是好事。新聞傳播本來就強調：最好是在一篇報導中呈現多元觀點。相信這也正是本書的核心價值──希望書中呈現多元觀點，多面向的思考。想想看，如果當夜在武陵，我們抬頭一看，每顆星星的亮度都一樣，大小也一樣，距離也一樣…，那會是一場多麼令人失望的星空秀啊！

所以本書有點雜，這話若從傳播角度觀之，反而有一種讚美，嘉勉本書的意思。當然，編輯同意評審的意見，儘量要將各章重新加以分類整合，將本書分為幾大區塊；但整體來說，本書還是符合彌爾頓所提倡的「意見的自由市場」精神，相信這也符合我們課程的框架，即「經典通識教育」的精神。

傳播學本來就是各學門交會的十字路口，因為舉新聞傳播為例，它本來就包含了上自天文、下至地理與人類一切有關的事務。所以，由傳播角度思考，可能過去所邀集的專家學者，所分享的經典，還不夠多元，還可以更加多面向一些，這也是本書即將完成之際，我們對本課程未來後續出版導讀文集的一種期許。

感謝詞

Thanks To All----最後謝天（因為真的感謝不完！）

這本書能夠編成，要感謝所有的演講者及作者，感謝整個經典閱讀的工作團隊（如：尊民、彥傑、健祐、軒妤、妝莊、怡君、語慧、得杏……族繁不及備載，即或版權頁也是重點列出而已），尊民本是新文藝課的模範生，而在本書中，除去撰文，還參與插圖設計，貢獻不一。本書的「小語」撰寫，亮人眼目，感激所有撰稿人。又非常感謝四位主要插圖繪圖

者：余森、晃正、有翔、倩雯，他們仍是原先爲我們第一本書《說書》繪圖的同樣四人，也就成爲沿續先前插畫風格的功臣了。感謝前交大校長吳重雨，這是他任內開始推動的課程，他也曾挹注重金與時間在這門課程中，他還親自來演講一次呢！感謝 Tina（程芷萱小姐），她是專任助理，但日日夜夜都在爲此門課程傷腦筋，付出遠超過她所得的微薄薪水。我們尤其感謝全書付梓前，精心爲我們作英文註釋（也包含與註釋相關的內文）校正爬梳的，美國楊百翰大學 (Brigham Young University) 的講座講師：Trever B Mckay（即余其濬老師），他目前正同時攻讀台大中文所博士班。余老師對本書裏兩篇英文論文，或全面審定，或臨門校勘，正是「彌縫使其淳」，是不可或缺的工程。我們不敢或忘。

另外，有好幾位老師，熱切參與這本《說書二》，曾向傑出的講者或學者大力邀稿，或親自撰稿，爲本書增光添彩，也要在此一一感謝，例如：高佩珊老師，董挽華老師，楊台恩老師，彭明偉老師，王冠生老師等等…，這幾位老師，爲此門課程也都貢獻了很多心力，實在是非常感謝他們。感謝前年「新文藝專輯」的出刊，而其中王文興教授接受黃語慧同學的專訪，成就了一篇生動深刻的訪談錄，是本課輝煌的歷史檔案了。

有300多位同學選修這門課，這也是我們值得感謝的，由於他們的參與、付出，並提供建議，這門課才愈開愈好，漸入佳境。[9]

再者，來自校內、校外的教職員及退休教職員，及桃竹苗地區的朋友們，也給予這門課許多鼓勵及建議，我們非常感謝他們的熱心參與及付出。[10]最後，感謝交大出版社參與此書的同仁。特別感謝顏智老師（2011年退休）、編輯程惠芳小姐與劉美榆小姐。本書因作者眾多，故編輯過程冗長，以致對所有編、校者皆爲不小考驗。既然通過考驗，方能存活，誠所謂「苟全性命於『編校』」罷！

---

[9] 課程進入2010年，有不少大陸同學（交換生）來聽課，並且提出極有見地的問題與意見，我們也非常感謝。

[10] 有一位大陸遠嫁來台的朋友，每周由苗栗開車來此聽課，並提出很深、很精闢的問題及見解，令我們非常感佩她的認真與堅持。

謝天！

中學時代，讀過陳之藩先生寫的一篇文章叫＜謝天＞。他的結論是說，「因為要感謝的人太多了，最後只好感謝老天爺！」走筆至此，我們也有類似的感受。真的，或許，我們因為任務繁雜，漏列了許多對本書有極大貢獻的人，在此，我們再次向您們（那些漏列的人）一鞠躬，致上最誠摯的歉意與謝意。

而我們以為千萬不能忘記的那一位，就是無所不在的老天爺（上帝），祂就是我們人生中的北極星，也是在冥冥中，導引著這門課過去的走向及發展；未來，這門課會不會有足夠的經費，繼續發展、茁壯，這些也都是在祂的手中。[11]

這也印證了，三年半以來，有不止一位講者提到的：「那雙看不見的手」其實也曾引導著賈寶玉與林黛玉的邂逅；引導著人類一切的經濟活動…；甚至，也引導著這門課的始末與這本書的出版。所以，我們能夠參與其中，深感與有榮焉，因為，我們都正與上帝一同寫歷史呢！

最後，感謝您這位讀者，藉著閱讀，您也成了這本書最重要的參與者了，而且竟然有如此毅力看到這裡，還沒有逃走！

3-31-2011

（尊民校對，作者清校）

---

[11] 記得有一首美國兒歌是這樣開頭的："He's got the whole world in His hands…."此處的 "He" 指的是上帝。

說書二：
交大新文藝復興閱讀計劃講讀集

編　　　者	董挽華、楊台恩
發 行 人	吳妍華
社　　　長	林進燈
執 行 編 輯	董挽華、楊台恩、新文藝編輯團隊
行 政 編 輯	程惠芳
執 行 校 對	黃健祐、黃諮慧、王尊民、李軒妤、郭怡君、許妝莊、程芷萱暨新文藝編輯團隊
插　　　畫	曹余森、黃有翔、顏晃正、李倩雯、王尊民
封 面 設 計	曹余森
內 文 設 計	劉美榆、黃春香
出 版 者	國立交通大學出版社
地　　　址	新竹市大學路1001號
讀 者 服 務	03-5736308、03-5131542（周一至周五上午8:30至下午5:00）
傳　　　真	03-5728302
網　　　址	http://press.nctu.edu.tw
e - m a i l	press@cc.nctu.edu.tw
出 版 日 期	101年2月初版
定　　　價	250元
I S B N	978-986-6301-414
G P N	1010100078
展 售 門 市 查 詢	http://press.nctu.edu.tw

國家圖書館出版品預行編目資料

說書. 二：交大新文藝復興閱讀計劃講讀集 /
董挽華，楊台恩編. —初版. —新竹市 ：
交大出版社，民101.02
　面 ； 公分
ISBN 978-986-6301-41-4 (平裝)

1.通識課程 2.高等教育 3.推薦書目 4.文集

525.3307　　　　　100028057